AF525568

AYURVEDAFEUER

Stoffwechsel einheizen – Selbstheilungskräfte aktivieren

GREGOR VON HOLDT & STEFANIE NOLDEN

INHALT

Ayurveda auf dem Teller – Rezepte 32

Danksagung 162

Icons bei den Rezepten:

LACTOSE-FREI

GLUTEN-FREI

VEGAN

VORWORT

LIEBE LESERIN, LIEBER LESER,

mit diesem Buch präsentieren wir unsere mit viel Leidenschaft und Emotionen kreierten Lieblingsrezepte für Körper, Geist und Seele. Die altindische Traditionsküche mit ihren vielfältigen Geschmacksrichtungen macht gesund, glücklich und verleiht pure Lebensfreude. Dabei wird die Ernährung auf die individuelle Konstitution ausgerichtet und je nach Jahreszeit und Umgebung mit frischen saisonalen und regionalen Zutaten bereichert. Die für die Rezepte liebevoll ausgewählten Kräuter und Gewürze bieten außergewöhnlichen Essgenuss, regen den Stoffwechsel an und wirken positiv auf das Wohlbefinden.

Die Aryuvedaküche ist sinnlich und harmonisch - überzeuge Dich selbst.

Viel Freude beim Kochen und Genießen wünschen Dir

Stefanie Nolden und Gregor von Holdt

ÜBER DIE AUTOREN

GREGOR VON HOLDT

Gregor von Holdt ist seit über 40 Jahren anerkannter Diätkoch und war 10 Jahre Küchenchef und Kurkoch an der europäischen Akademie für Ayurveda. Sein großes Geschick und Ideenreichtum bei der Zubereitung von ayurvedischen Speisen zeichnen ihn besonders aus. In seiner Kochakademie in Seedorf in Schleswig-Holstein bietet er Ayurveda-Kochseminare und -Ausbildungen an, denn Gregor von Holdt möchte seine Begeisterung und großes Wissen persönlich weitergeben. Er kocht aus purer Leidenschaft und zaubert aus gesunden Zutaten immer wieder neue Kreationen.

STEFANIE NOLDEN

Ob Yoga, Ernährungs- und Phythotherapeutin oder Köchin – spezialisiert hat sich Stefanie Nolden bei all ihren Tätigkeiten auf die altindische Heilkunst Ayurveda. So weiß sie genau, worauf es ankommt, wenn man gesund leben möchte: auf eine Ausgeglichenheit von Körper, Geist und Seele. Mit ausgewogenen und guten Zutaten bereitet sie in ihrer Küche gesunde Köstlichkeiten, die alle Sinne berühren. Um auch andere von der Traditionsküche zu inspirieren, stellt sie zusammen mit ihrem Mann Gregor von Holdt in dem Kochbuch „Ayurvedafeuer" gemeinsame Lieblingsrezepte vor.

EINFÜHRUNG

AYURVEDA – DAS WISSEN VOM LEBEN

Ayurveda ist eine altindische Medizinform, die bereits seit über 2000 Jahren in Südasien und heute auch bei uns im Westen praktiziert wird. Doch sie ist noch viel mehr als nur das. Ayurveda ist das „Wissen vom Leben" (Sanskrit: ayus = Leben; veda = Wissen) und reicht tiefer, als wir es uns überhaupt vorstellen können. Es handelt sich dabei nicht um eine Medizinform, die auf ein bestimmtes Land oder eine Weltepoche bezogen ist, sondern um eine, die im Einklang mit den Naturgesetzen steht und deswegen zu jeder Zeit und an jedem Ort für jeden Menschen anwendbar ist. Der Schlüssel zum Verständnis liegt jedoch nicht nur in der Aneignung theoretischen Wissens, sondern vor allem in der praktischen Umsetzung, Selbsterfahrung und aufmerksamen Beobachtung unserer Selbst. Denn das universelle Wissen des Ayurveda steckt in jedem von uns und wartet darauf, von uns gelebt zu werden. Dafür benötigen wir keine aufwendigen Tools, Zutaten und eigentlich noch nicht einmal die ganz genaue Kenntnis unserer ayurvedischen Konstitution. Wichtig ist es vor allem, Körper, Geist und Bewusstsein zuzuhören und alle Ebenen unseres Daseins zu pflegen – mit einer gesunden und nachhaltigen Lebensführung, einer positiven Lebenshaltung und einer ausgewogenen Ernährung, die an uns und an die Jahreszeiten angepasst ist. So wird es möglich, dass wir mit nur kleinen Veränderungen im Alltag Großes bewirken und eins werden mit uns und unserer Umwelt.

DIE FÜNF ELEMENTE (PANCHAMAHABUTHA)

Während in der westlichen Medizin die Physik und Chemie als Grundlagenwissenschaften gelten, findet sich die fundamentale Basis des Ayurveda in den „Darshana", den altindischen Abhandlungen über die physischen und metaphysischen Aspekte des Universums. Laut dieser ist der Mensch eingebunden in ein ihn umgebendes größeres System. Mikrokosmos (Mensch) und Makrokosmos (Universum) sind in dieser Perspektive eins. Sie sind aus denselben 5 Elementen zusammengesetzt und beeinflussen sich gegenseitig. Da sich die Elemente mit ihren Eigenschaften in jedem Menschen manifestieren, können wir mithilfe ihrer Kenntnis uns und unseren Platz in unserer Umwelt besser verstehen lernen.

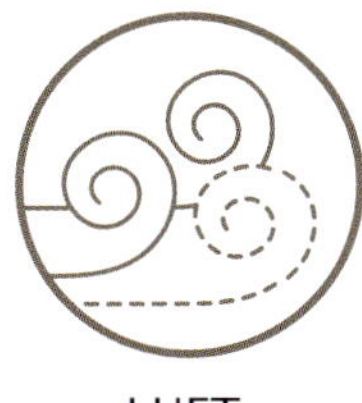
LUFT

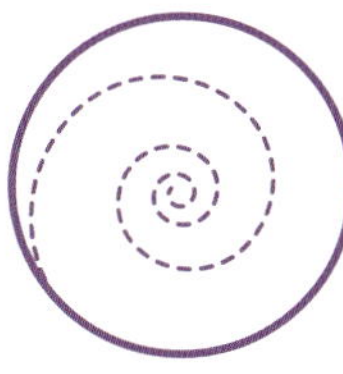
ÄTHER

FEUER

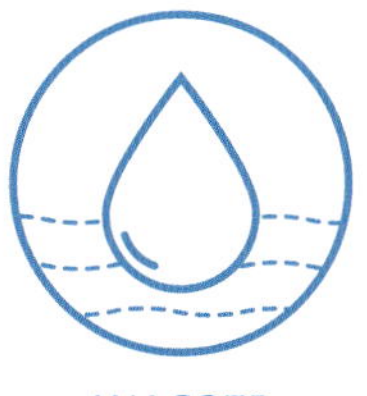
WASSER

ERDE

LUFT (Vayu) – das Prinzip der Bewegung. Bewegung im Körper (Herzschlag, Ein- und Ausatmung, Muskelbewegung). Eigenschaften: leicht, kühl, trocken, beweglich, rauh, durchdringend.

ÄTHER (Akash) – das Prinzip der Transparenz. Alle Hohlräume (Nase, Atemwege, Brust- und Bauch raum, Magen-Darm-Trakt) Eigenschaften: subtil, durchscheinend, weich, leicht, glatt, durchdringend.

FEUER (Agni) – das Prinzip der Umwandlung. Stoffwechsel. Eigenschaften: heiß, stechend, austrocknend, leicht.

WASSER (Ap) – das Prinzip des Wachstums. Verdauungssäfte, Speichel, flüssige Bestandteile des Blutes. Eigenschaften: kalt, wässrig, schleimend, klärend, aufbauend.

ERDE (Prithvi) – das Prinzip der Beständigkeit. Feste Strukturen (Knochen, Muskeln, Knorpel, Haut, Haare). Eigenschaften: schwer, kalt, unbeweglich, kompakt, fruchtbar.

DAS TRIDOSHA-KONZEPT: VATA, PITTA & KAPHA

Aus den fünf Elementen formen sich die drei Bioenergien (Doshas) in uns. Durch sie sind wir verbunden mit unserer Umwelt. Alle Menschen verfügen über alle drei Doshas. Jeder Mensch erhält jedoch bei der Zeugung eine ganz individuelle Zusammensetzung, die seine Ur-Natur (Prakriti) bildet. Diese prägt die körperliche Erscheinung, das Verhalten und die Anfälligkeit für bestimmte Dysbalancen. Das Konzept der Tridosha liefert uns das Verständnis unserer eigenen Konstitution und damit den Schlüssel zu Gesundheit und Balance.

VATA

VATA – das Prinzip der Bewegung

Wind und Äther verbinden sich zu Vata-Dosha. Menschen mit einer Vata-Konstitution sind von Natur aus feingliedrig und schmal gebaut. Vatas sind körperlich und geistig immer aktiv und würden am liebsten jeden Winter in den Süden entfliehen. Sie sind offene und kommunikative Wesen, die eine bemerkenswerte Kreativität besitzen. Dysbalancen machen sich meist im Verdauungstrakt, mit Schlafstörungen, Schwächezuständen und auf psychischer Ebene bemerkbar. Vata-Menschen nehmen nur schwer zu.

PITTA

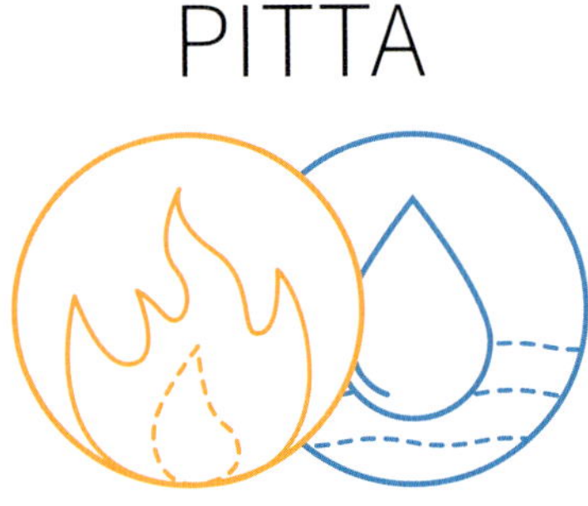

PITTA – das Prinzip der Umwandlung

Feuer und Wasser verbinden sich zu Pitta-Dosha. Pitta-Menschen sind dynamische und ausdrucksstarke Menschen mit einer typischen Sanduhr-Figur (Brust, Taille, Hüfte), denen man das lodernde Feuer in den Augen geradezu ansieht. Das feurige Pitta in ihnen steht für Hitze, Schärfe und Säure. Einerseits sorgen diese für einen guten Stoffwechsel, Intelligenz und warme Haut, können im Übermaß aber auch zu Hautbeschwerden, Übersäuerung, Burn-out und Entzündungsprozessen führen. Bei Pitta-Menschen lagert sich Hüftgold ab (Birne).

KAPHA

KAPHA – das Prinzip der Stabilität

Wasser und Erde verbinden sich zu Kapha-Dosha. Kapha-Menschen sind von Natur aus kräftig gebaut und haben ein starkes Immunsystem. Sie besitzen eine bemerkenswerte innere Stabilität und Stärke und haben ein ruhiges Wesen. Die Elemente Wasser und Erde sorgen für runde Konturen, schöne Haut und Haare und eine gute Körperkraft. Ein Zuviel an Kapha kann allerdings zu Beschwerden im Lungen- und Bronchialbereich oder zu Übergewicht und Stoffwechselstörungen führen. Bei Kapha-Menschen nimmt der Bauch zu (Apfel).

DAS VERDAUUNGSFEUER AGNI

Im Ayurveda gilt: Du bist, was du verdaust. Somit unterscheidet sich die ayurvedische Ernährung auch grundsätzlich von den herkömmlichen Empfehlungen, da sie einem effizienten Stoffwechsel eine entscheidende Rolle für die Erhaltung und Wiederherstellung von Gesundheit zuweist.

Wenn das Verdauungsfeuer Agni stark ist und gut funktioniert, wird all die aufgenommene Nahrung vollständig abgebaut und verdaut. Dann kann sie uns auf ihrem Weg durch die Gewebe nähren und uns Energie schenken. Aus diesem Grund sollte die Nahrung immer an unsere Konstitution und den aktuellen Zustand unseres Verdauungsfeuers angepasst werden.

FÜNF GOLDENE REGELN FÜR EIN STARKES AGNI

1. Iss dann, wenn du hungrig bist.

Nur wenn das Verdauungsfeuer brennt, kann die Nahrung angemessen verstoffwechselt werden. Iss also nur dann, wenn du ein deutliches Hungergefühl verspürst. Sobald dies der Fall ist, solltest du dies aber auch tun, da du ansonsten deine Verdauung auch schwächst.

2. Richtig trinken

Wasser ist wichtig für den Körper, aber auch hier gibt es individuelle Bedürfnisse, auf die wir hören sollten. Absolutes No-Go ist es, kurz vor, zu oder nach der Mahlzeit viel zu trinken. Besser ist es, in den Pausen zwischen den Mahlzeiten den Flüssigkeitshaushalt aufzutanken.

3. Warm und leicht verdaulich

Wenn unsere Speisen überwiegend warm, gekocht und leicht verdaulich sind, können sie optimal verdaut werden. Schwer verdauliche Lebensmittel wie Rohkost, Smoothies, Fleisch, Fisch und Milchprodukte sollten nur in kleinen Mengen verzehrt werden.

4. Heißes Wasser

Überall erhältlich und für jeden geeignet - heißes Wasser oder Tee sind echte Stoffwechsel-Booster, machen munter und schenken Energie.

5. Essen als Ritual

Bereite deine Speisen achtsam zu und iss in Ruhe und mit Liebe.

WELCHER AYURVEDA-TYP BIST DU?

Aus den fünf Elementen formen sich die drei Bioenergien (Doshas) in uns. Durch sie sind wir verbunden mit unserer Umwelt. Alle Menschen verfügen über alle drei Doshas. Jeder Mensch erhält jedoch bei der Zeugung eine ganz individuelle Zusammensetzung, die seine Ur-Natur (Prakriti) bildet. Diese prägt die körperliche Erscheinung, das Verhalten und die Anfälligkeit für bestimmte Dysbalancen. Das Konzept der Tridosha liefert uns das Verständnis unserer eigenen Konstitution und damit den Schlüssel zu Gesundheit und Balance.

DEIN PERSÖNLICHER DOSHA-TEST

Die 14 Fragen ehrlich beantworten und ankreuzen oder auf einem Blatt V = lila, P = rot oder K = grün vermerken.

1. Wie ist dein Körperbau?
- schlank, leicht feingliedrig, nimmt kaum zu
- mittlere Statur, sportlich, wohl proportioniert
- kräftige starke Statur, schwer, Abnehmen fällt schwer

2. Was trifft am ehesten auf deinen Hauttyp zu?
- sensibel, soft, mehr schwitzend, Akne
- weich, fettend, straff
- trocken, rauh

3. Welche Eigenschaften haben deine Haare?
- trocken, widerspenstig, splissig
- dick, dicht, fettig
- fein, dünn, frühzeitig ergraut oder licht

4. Wie ist deine Einstellung zu Geld?
- sparsam, gebe aber Geld für wertvolle Dinge aus
- eher knauserig und spare, wenn möglich
- gebe ohne viel Nachdenken Geld aus

5. Wie sehen deine Nägel aus?
- oval, elastisch
- schmal, brüchig, klein
- breit, groß, glatt, rosa

6. Was trifft auf deinen Schlaf zu?
- kurzer, aber tiefer Schlaf
- fester und tiefer Schlaf
- leichter Schlaf, Einschlafprobleme

7. Wie fit ist dein Gedächtnis?
- leicht vergesslich
- allgemein gutes Gedächtnis
- sehr gutes Langzeitgedächtnis

8. Bist du kommunikativ?
- klar, überzeugend, guter Redner
- sehr gesprächig, etwas unklare Aussprache
- wenig gesprächig, angenehme, ruhige Stimme

9. Wie verhältst du dich bei Problemen?
- ruhig, abwartend, selten gereizt, depressiv
- ängstlich, schnell nervös, gereizt
- impulsiv, aggressiv, ärgerlich

10. Wie ordnest du deine Gefühlswelt ein?
- agressiv, zornig, ungeduldig
- ruhig, gefasst, zuverlässig, reif, stabil
- nervös, ängstlich, sorgenvoll, leicht reizbar, instabile Gefühlswelt, kreativ

11. Wie beurteilst du deinen Verstand?
- ruhig, bedächtig, geduldig
- scharf, zielgerichtet, kritisch
- klar und wach, kreativ

12. Wie sind deine sozialen Beziehungen?
- lang anhaltende, tiefgründigere Beziehungen
- überschaubare Anzahl an Freunden
- wenige Freunde, bevorzuge Einsamkeit

13. Wie steht es mit deinem Appetit?
- kann gut eine Mahlzeit überspringen
- regelmäßig bis unregelmäßig, jederzeit
- große Mahlzeiten, plötzliches Hungergefühl

14. Wie ist deine persönliche Einstellung?
- unentschlossen, schnell, sprunghaft
- bestimmt, hitzig, zielstrebig, wetteifernd
- entschieden, langsam, aber bestimmt

Auswertung: Welche Farbe hast du am häufigsten markiert?

Es gibt natürlich auch Ungleichgewichte bzw. Konstitutionsstörungen wie z. B. Vata-Pitta-Typen.

Vata-Menschen erleben wir als enthusiastisch, luftig, kreativ. Sie haben eine schnelle Auffassungsgabe und sind Neuem gegenüber aufgeschlossen. Außerdem sind sie aktiv und bewegen sich gerne. Wir mögen ihre Leichtigkeit und Spontanität, aber nicht ihre Vergesslichkeit. Wenn Vata-Menschen hingegen in Ausgeglichenheit leben, bleiben sie ein Leben lang lebendige, freundliche und kreative Wesen. Um den Aktivismus mit der Energie zu versorgen, benötigen sie schwere und nährende Speisen. Fette und Eiweiß sollten im Speiseplan nicht zu kurz kommen.

Pitta-Menschen sind Perfektionisten und neigen zu einem aufbrausenden, temperamentvollen Gemüt. Wichtig ist für sie eine Balance zwischen Aktivität und Entspannung. Menschen mit einer ausgeprägten Pitta-Konstitution beeindrucken mit ihrer Willenskraft, ihrer Systematik, ihrem Ehrgeiz und ihrem hohen Anspruch an sich und ihr Umfeld. Pitta-Typen sollten alle säuernden, scharfen und öligen Nahrungsmittel meiden – besonders Alkohol und Kaffee. Bittere und herbe Nahrungsmittel wie Hülsenfrüchte, Rosenkohl sind hingegen für diesen Konstitutionstyp zu empfehlen. Ausgleichend dazu sollte süßes Obst verzehrt werden.

Der Kapha-Typ ist häufig träge, bewegt sich ungern und neigt zu Übergewicht. Ein tägliches Fitnessprogramm sollte dieser Konstitutionstyp für sich etablieren. Aktivität ist übrigens in jeder Lebenslage ein wichtiges Stichwort für den Kapha-Typ. Kapha-Typen sind sehr liebenswürdige und verständnisvolle Menschen. Zuverlässig und loyal führen sie stabile Freundschaften und pflegen enge Beziehungen in ihrem Netzwerk. Süßigkeiten, Milchprodukte und alle fetten Nahrungsmittel sollten sie meiden. Leichte Speisen mit herber oder bitterer Note sollte der Kapha-Typ dagegen bevorzugen.

Vata, Pitta oder Kapha?

Die Kombination deiner Doshas ist entscheidend für deine Gesundheit. Wenn du weißt, welche Konstitution du hast, verstehst du besser, warum du manchmal einfach so bist, wie du bist. Du erfährst, welche Ernährung sich für dich eignet und wie du mit Yoga, Sport und Meditation gesund, fit und glücklich bleibst.

DIE GRUND-PRINZIPIEN DER AYURVEDISCHEN ERNÄHRUNG

DIE SECHS GESCHMACKSRICHTUNGEN UND IHRE QUALITÄTEN

In der ayurvedischen Ernährungslehre gibt es sechs Geschmacksrichtungen (rasa), über deren Verteilung in der Nahrung wir Einfluss auf unser körperliches und psychisches Befinden nehmen können.

Süß (madhura)

Der süße Geschmack nährt, stabilisiert, ist kühlend und schwer und gleicht Vata und Pitta aus. Zu den wichtigsten Lebensmitteln mit natürlich süßem Geschmack zählen u. a. Getreide, süßes Gemüse wie Süßkartoffel oder Fenchel, süße Früchte wie Datteln und Mango, Hülsenfrüchte wie Mungbohnen oder Nüsse und Mandeln. In größeren Mengen fördern sie eine Gewichtszunahme.

Sauer (amla)

Sauer ist appetitanregend, verdauungsfördernd und befeuchtend und daher vor allem gut für Vata. Kapha und Pitta werden durch Säure erhöht und insbesondere bei Dysbalancen, die im Zusammenhang mit Säure, der Haut oder Entzündungsprozessen stehen, ist der saure Geschmack nur in kleinen Mengen empfehlenswert. Zu den sauren Lebensmitteln zählen u. a. Tomaten, Zitronen, Essig und saure Früchte.

Salzig (lavana)

Der salzige Geschmack wirkt befeuchtend, geschmacksverbessernd und krampflösend und reduziert Vata. Im Übermaß kann ein Zuviel an Salz zu Entzündungen, Wassereinlagerungen und weiteren Dysbalancen führen. Das Salz, das für alle Doshas in angemessener Menge geeignet ist, ist natürliches Steinsalz.

Scharf (katu)

Scharf hat eine anregende Wirkung und kurbelt den Stoffwechsel an. Zu den scharfen Lebensmitteln zählen u. a. Chili, Pfeffer, Senf und Meerrettich. Die Schärfe sorgt für verstärkten Gewebeabbau und Fettverbrennung und gleicht Kapha aus. Pittas sollten Schärfe nur eingeschränkt einsetzen und Vatas greifen besser zu sanfter Schärfe, wie sie aus frischem Ingwer, Zimt oder Pippali stammt.

Bitter (tikta)

Bitterstoffe wie sie in Grünkohl, Chicorée, Löwenzahn, Rucola oder Spinat enthalten sind, wirken entgiftend, reinigend und gleichen Kapha und Pitta aus, können allerdings Vata erhöhen, da sie austrocknend wirken.

Zusammenziehend (kasaya)

Zusammenziehende Lebensmittel wie Kohl, Bohnen, schwarzer Tee, Kurkuma oder unreife Bananen enthalten Gerbstoffe, die die Gewebe zusammenziehen und somit austrocknend wirken und Wassereinlagerungen vorbeugen. Diese Nahrungsmittel sind besonders gut für Pitta und Kapha geeignet, können im Übermaß aber Vata erhöhen.

DIE ENERGETIK DER NAHRUNG

Nachdem wir die Geschmäcker (rasa) über die Nahrung zu uns genommen haben, setzt Virya ein – die thermische Potenz. Lebensmittel können entweder kühlend (shita) oder erhitzend (ushna) wirken. Wer die ayurvedische Küche im Alltag anwenden möchte, sollte sich bei der Auswahl von Lebensmitteln stets die Wirkung von Rasa und Virya vor Augen führen und diese in der Zubereitung der Speisen berücksichtigen.
Bittere und süße Nahrungsmittel haben ein kühlendes Virya (z. B. Milch, Reis, Ghee, Datteln, Gerste, Kokos) und somit einen anabolischen, aufbauenden Effekt auf den Stoffwechsel und schenken Energie und Stabilität. Lebensmittel, die scharf, sauer und salzig sind, haben eine erhitzende und somit katabolische, abbauende Wirkung (z. B. Chili, Zimt, Ingwer, Sesam, Aubergine, Karotte, Cashew) und aktivieren das Verdauungsfeuer, regen Hormon- und Enzymbildung an und fördern den Gewebeabbau.
Die ayurvedische Ernährungslehre beschreibt noch weitere Eigenschaften der Nahrung, wie Vipaka, den Geschmack nach der Verdauung, und Prabhava, die spezifische Wirkung einer Substanz, die sich nicht aus Rasa, Virya und Vipaka herleiten lässt. Für die Kochpraxis ist es allerdings in den allermeisten Fällen vollkommen ausreichend, Rasa und Virya zu beherzigen.

DIE ACHT FAKTOREN DER NAHRUNG

Die gesunde Wirkung einer Mahlzeit hängt von den nachfolgenden Faktoren ab:

Eigenschaft der Nahrung (Prakriti):

Alle Lebensmittel verfügen über spezielle Qualitäten, durch die ihre Wirkung bestimmt werden. Idealerweise sollten die Eigenschaften des Essens mit denen des Essers harmonieren. Bei Verschleimung wird dann z. B. auf Milchprodukte verzichtet und bei hartnäckiger Winterkälte werden vermehrt erhitzende Nahrungsmittel konsumiert.

Art der Zubereitung (Karana):

Die Art der Zubereitung kann auch die Qualität der Nahrung verändern. Grundsätzlich gilt, dass gekochte Nahrung besser verdaulich ist. Schwer verdauliche Lebensmittel wie Kohl, Hülsenfrüchte oder auch Milch sollten deswegen immer mit verdauungsfördernden Gewürzen und erhitzt zubereitet werden.

Kombination (Samyoga):

Ob eine Mahlzeit Energie schenkt oder Verdauungsbeschwerden verursacht, hängt oft von der Kombination der Nahrung ab. Die wichtigsten Nahrungsmittelkombinationen sind:

- Milch am besten immer nur allein konsumieren,
- rohes Obst nur einzeln essen, keinesfalls in Kombination mit sauren Milchprodukten,
- tierisches Eiweiß nicht untereinander kombinieren.

Menge (Rashi):

Es sollte so viel gegessen werden, wie der Körper benötigt, und nur so viel, wie das Verdauungsfeuer verbrennen kann. Das entspricht bei drei Mahlzeiten am Tag ungefähr dem, was zwischen zwei hohlgeformte aneinandergelegte Hände passt und einem Drittel unseres Magenvolumens entspricht. Das ist die Menge an fester Nahrung, die wir pro Mahlzeit zunehmen sollten. Ein weiteres Drittel sollte Flüssigkeit sein und das letzte Drittel zur Durchmischung leer bleiben.

Ein tolles Maß ist, wenn wir beginnen, Luft aus dem Magen zu verdrängen, das heißt, das erste Mal leise aufstoßen, denn dann sollten wir mit der Nahrungsaufnahme aufhören.

Herkunft (Desha):
Regionale, saisonale und biologisch oder selbst angebaute Nahrungsmittel sind am besten für uns, da sie ein inneres und äußeres Gleichgewicht der Elemente bewirken.

Zeit der Einnahme (Kala):
Der Ayurveda gibt Empfehlungen für jede Tages- und Nachtzeit, Jahreszeit und individuellen Zustand, die bei der Zubereitung der Speisen berücksichtigt werden können.

Art der Einnahme (Sanstha):
Eine der wichtigsten Regeln lautet: Nur dann essen, wenn die vorherige Mahlzeit verdaut worden ist, das entspricht mindestens einem Zeitraum von 3–5 Stunden. Je schwerer verdaulich das Essen (z. B. Fleisch) ist, umso länger dauert die Verdauungszeit.

Einstellung (Upyokta):
Damit die Nahrung ihre heilsame Wirkung entfalten kann, ist die innere Einstellung während des Essens genauso wichtig wie die Auswahl gesunder Lebensmittel. Das bedeutet gleichzeitig auch: Ab und zu über die Stränge zu schlagen, ist erlaubt, vor allem wenn die Lieblingsspeise für Glücksgefühle und Wohlbefinden sorgt.

TYPGERECHT ESSEN IM EINKLANG MIT DER NATUR

Die ayurvedische Ernährungslehre beschreibt, dass die Eigenschaften von Nahrungsmitteln (trocken, ölig, warm, kalt, leicht, schwer) durch ihre Gegensätze die Doshas ausgleichen. Mit der richtigen Auswahl an Lebensmitteln können wir somit unseren Körpertyp und unser Wohlbefinden unterstützen. Jede Mahlzeit sollte alle sechs Geschmacksrichtungen enthalten, je nach persönlicher Dysbalance kann sich der Schwerpunkt jedoch zeitweise verlagern.

VATA:

Schwere, ölige und warme Lebensmittel mit den Geschmacksrichtungen süß, sauer und salzig senken Vata-Dysbalancen wie Kälte, Trockenheit und Stress. Da Vatas oft zu Blähungen und Verdauungsstörungen neigen, sollte die Nahrung überwiegend warm, leicht ölig und nicht zu schwer verdaulich sein.

PITTA:

Kalte und schwere Nahrungsmittel wie Kokos und Ghee und die Geschmäcker süß, bitter und zusammenziehend senken Pitta-Beschwerden wie Hitze, Säure und Entzündung besonders gut. Pittas haben meist ein starkes Agni und vertragen somit Rohkost recht gut. Da sie überaus schnell „hangry" (hungry + angry) sind, sollten sie keinesfalls regelmäßig Mahlzeiten überspringen.

KAPHA:

Das Kapha-Dosha wird durch alle leichten, warmen, trockenen und erhitzenden Lebensmittel gesenkt. Die Geschmacksrichtungen scharf, bitter und zusammenziehend reduzieren ein Übermaß an Kapha in Form von Trägheit, Verschleimung oder Übergewicht. Kaphas dürfen gerne so richtig tief in die Gewürzkiste greifen.

DIE RHYTHMEN UND ZYKLEN IN DER NATUR

Die Jahreszeiten haben unterschiedliche Eigenschaften und diese wiederum einen starken Einfluss auf uns und die Aktivität der Doshas.

KAPHA-ZEIT: ENDE FEBRUAR-MAI

Mit der Schneeschmelze beginnt die Kapha-Zeit, in der die Natur ruht, es kalt und feucht ist und wir zu Sinusitis (Nasennebenhöhlenentzündung), Verschleimung und Allergien neigen. Jetzt ist es für jeden angesagt, mehr kaphadominante Lebensmittel in den Alltag einzubauen. Scharfe Gemüsesuppen und Ingwertee sind jetzt genau das Richtige.

PITTA-ZEIT: JUNI-SEPTEMBER

Von Juni-September dominieren in der Natur die Eigenschaften von Pitta und damit in uns das Pitta-Dosha. Die Tage werden länger und die Sonne steht hoch am Himmel - jetzt sind kühlende, süße und bittere Speisen perfekt wie Kokoscurry, Melonensuppe oder Salat.

VATA-ZEIT: OKTOBER-JANUAR

Der stürmische Herbst wird vom Vata-Dosha dominiert. Wie Vata ist das Wetter wechselhaft, kühl und windig. Mit dem Herbst setzt auch in uns ein Wandel ein. Nährende, süße und warme Speisen wie Porridge oder Kürbissuppe, die uns Kraft für den kommenden Winter schenken, sind jetzt am besten für uns geeignet.

Der Ayurveda empfiehlt somit, im Alltag immer ein Auge auf die individuelle Zusammensetzung der Doshas im Körper zu haben, die sich umweltbedingt ständig verändert. Mit der Zeit und umso länger und häufiger wir regelmäßig in uns hineinspüren und darauf achten, was uns wirklich gut tut, umso intuitiver wird der Umgang und irgendwann wissen wir einfach, was für uns im Hier und Jetzt die perfekte Speise ist, um uns zu nähren, zu reinigen oder Leichtigkeit zu verleihen.

„Widme dich der
Liebe und dem Kochen
mit ganzem Herzen."
Dalai Lama

DIE 10 WICHTIGSTEN ESSREGELN

1. DIE RICHTIGE MENGE ESSEN

Überiss dich nicht und iss in Maßen, denn sowohl zu viel als auch zu wenig Nahrung kann zu Störungen führen. Iss nur, wenn du richtig Hunger hast.

2. TRINKEN ZU DEN MAHLZEITEN

Trink mindestens eine Stunde vor und nach dem Essen keine kalten Getränke, damit du dein Verdaungsfeuer nicht löschst. Das schluckweise Trinken von temperiertem Wasser (Zimmertemperatur) oder Kräutertees beim Essen unterstützt generell dein Agni und wirkt verdauungsfördernd.

3. NATURREINE NAHRUNGSMITTEL ESSEN

Deine Nahrung sollte stets frisch & naturrein sein. Saisonale und regionale Produkte in Bioqualität sind zu bevorzugen. Vermeide minderwertige Lebensmittel, Tiefkühlkost, Konserven und Speisen aus der Mikrowelle oder altes Essen. Achte beim Essen und beim Kochen darauf, keine Nahrung zu verschwenden.

4. GEKOCHTE MAHLZEITEN BEVORZUGEN

Deine Speisen sollten warm & gekocht sein, damit sie leicht verdaulich und bekömmlicher sind. Zwei bis drei warme Mahlzeiten am Tag zu festen Zeiten sind empfehlenswert. Mittags brennt dein Verdauungsfeuer am stärksten, wenn das Pitta-Dosha vorherrscht, und deshalb sollte zu dieser Zeit die Hauptmahlzeit gegessen werden.

5. TYPGERECHT ESSEN

Erkenne deine innere Natur und spüre, was dir guttut und was nicht. Iss nur das, was dir wirklich schmeckt und du ohne Probleme gut verdauen kannst. Mit der richtigen typgerechten Auswahl an Lebensmitteln kannst du dein Wohlbefinden unterstützen.

6. MIT MUßE ESSEN UND GUT KAUEN

Iss bewusst in Ruhe und mit Respekt vor dem, was dir die Natur schenkt. Kaue jeden Bissen so oft wie möglich gut durch, damit entlastest du deinen Magen bei seiner anstrengenden Arbeit und bist auch schneller satt.

7. AN EINEM ANGENEHMEN ORT ESSEN

Iss an einem sauberen, ruhigen Ort, an dem du dich wohlfühlst, ohne Ablenkung durch zu viel Reden und ohne nebenbei andere Dinge zu tun (z. B. mit dem Handy chatten, fernsehen oder lesen). Setz dich immer beim Essen hin und genieß in angemessener Zeit deine Mahlzeit.

8. ZUR RICHTIGEN TAGESZEIT ESSEN

Iss regelmäßig möglichst zu festen Zeiten und den Jahreszeiten entsprechend. Dein Verdauungssystem wird es dir danken. Der Hunger und deine Verdauungssäfte werden sich zur rechten Zeit melden. Erst wenn die letzte Mahlzeit verdaut ist, solltest du die nächste Mahlzeit zu dir nehmen. Vermeide deshalb kleine Snacks zwischendurch und halte die Pausen zwischen den Mahlzeiten ein:

- ein leichtes und kleines Frühstück morgens, weil deine Verdauungskraft noch träge ist – z. B. warmes Porridge und Obstkompott,
- die Hauptmahlzeit mittags (11–14 Uhr), wenn deine Verdauungskraft stark ist; du kannst alles, was „Spaß" macht, mittags essen,
- ein warmes, leichtes Essen am Abend (18–19:30 Uhr), z. B. Suppen, gedünstetes Gemüse, Getreide, Linsen, Pasta, Kartoffeln,
- 2–3 Stunden vor dem Schlafengehen nichts mehr essen, weil dann deine Organe belastet werden und dein Schlaf beeinträchtigt wird.

9. AUF DEN GUTEN GESCHMACK ACHTEN

Über die Verteilung der sechs Geschmacksrichtungen (süß, sauer, salzig, scharf, bitter und zusammenziehend) in der Nahrung kannst du Einfluss auf dein körperliches und psychisches Befinden nehmen. Jede ausgewogene Mahlzeit sollte deshalb alle sechs Geschmacksrichtungen enthalten. Eine ausreichende Menge an Öl/Ghee (gute Fette) wirkt sich positiv auf deine Verdauung aus und stärkt deine Vitalkraft.

10. DIE RICHTIGEN LEBENSMITTELKOMBINATIONEN BEACHTEN

Nahrungskombinationen haben im Ayurveda eine große Bedeutung. Ungünstige „falsche" Kombinationen sind nach der ayurvedischen Grundphilosophie die Verursacher für z. B. Verdauungsprobleme, Schweregefühl, Gasbildung und Blutverunreinigungen und die Folge für Krankheiten.

DIE WICHTIGSTEN TABUKOMBINATIONEN:

- Fleischprotein nicht mit Milchprotein (wie z. B. Cheeseburger mit Fleisch und Käse)
- Milch nicht mit Essig, saurem Obst, Salzigem, Joghurt, Fleisch, Fisch, Käse, Ei, Knoblauch, Rettich, Senf, Bananen
- Obst nicht mit Milchprodukten (z. B. kalte Milch, Joghurt) und Getreide
- frisches Obst nicht mit anderen Lebensmitteln (immer allein essen)
- rohes Obst nicht mit rohem Gemüse
- kalte Getränke oder Eis nicht mit warmen Speisen

AUSSTATTUNG DER
AYURVEDISCHEN
KÜCHE

KOCHTÖPFE & CO.

Es gibt ein unglaublich großes Angebot an Küchenequipment und -utensilien am Markt. Viele Produkte sind nicht von ausreichender Qualität und Nutzen, stehen nur im Schrank und verbrauchen Platz. Deshalb meine Empfehlung: Kauft Qualität statt Quantität! Küchenhelfer von guter Qualität halten oft ein Leben lang. Traditionshersteller sind zu bevorzugen. In der folgenden Liste findet ihr die wichtigsten Kochwerkzeuge für die Grundausstattung eurer Küche.

- Eisportionierer (zwei Größen)
- Fexibler Metallschaber
- Gemüseschäler, Sparschäler
- Großes Holzschneidebrett
- Kochlöffel aus Holz
- Küchenmaschine
- Küchenschere
- Messbecher aus Glas, Kunststoff oder Metall
- Messer: Gemüsemesser, kleines Küchenmesser, Sägemesser Kochmesser in drei Größen)
- Mörser aus Granit (nicht zu klein!)
- Mullwindeln, Passiertuch
- Nudelholz
- Pfannen - 1 Gusseisenpfanne & 1 beschichtete Pfanne
- Pfannenwender aus Metall & Silikon
- Pfeffer- und Salzmühle
- Porzellanschüsseln in drei Größen
- Pürierstab & Handmixer
- Reibe (gute Vierkantreibe) & Hobel
- Schaumkelle
- Schneebesen
- Siebe (Trichtersieb, feines Haarsieb)
- Spritzbeutel mit verschiedenen großen Einsatztüllen
- Suppenkelle mit Gießrand
- Teigschaber
- Töpfe mit dickem Boden (3-5 Topfgrößen, möglichst mit Gießrand und Deckel) KEINE Aluminiumtöpfe
- Trichter
- Waage (digital, Kleinmengen messbar)
- Wurzelbürste
- Zeitmesser - Uhr
- Zitronenpresse

VORRATSSCHRANK

Die folgenden Lebensmittel (möglichst in Bioqualität) sollten in deiner Küche vorrätig sein. erwende diese Liste der gebräuchlichsten Lebensmittel, um dir langsam deine ayurvedische Küche einzurichten.

TROCKENLAGER:

Das Wichtigste in der ayurvedischen Küche sind die Gewürze. Dafür benötigst du einen Grundvorrat von 10-20 Gewürzen (siehe Seite 25 ff.).

HÜLSENFRÜCHTE & REIS:

- grüne Mungbohnen
- gelbe geschälte & halbierte Mungbohnen
- rote Linsen
- Belugalinsen
- Kichererbsen
- Chana Dal (halbierte Kichererbsen)
- Basmatireis

PASTA:

2-3 verschiedene Nudelsorten

ÖLE & FETTE:

Ghee - das flüssige Gold des Ayurveda
Sesamöl, Olivenöl, Sonnenblumenöl

PFLANZENMILCH:

Mandel-, Hafer- und Reismilch

NÜSSE & SAMEN:

Mandeln, Pistazien, Erdnüsse,
Cashewkerne,
Leinsamen, Sesamsamen

SÜßUNGSMITTEL:

Rohrohrzucker, Honig, Ahornsirup oder
Fruchtzucker
nach eigenem Geschmack (z. B. Dattelsirup)

TROCKENFRÜCHTE:

Datteln, Rosinen, Feigen, Aprikosen

MEHLE & FLOCKEN:

Weizenmehl, 550er
Dinkelmehl, 630er
Vollkornmehl nach Belieben
Kichererbsenmehl (glutenfrei)
Reismehl (glutenfrei)
Dinkel- oder Kamutflocken
Mehrkornflockenmischung nach
Belieben (z. B. 4-Korn-Flocken)
Weinsteinbackpulver

FRISCHELAGER:

Eine kleine Auswahl an frischem
saisonalen & regionalen Gemüse
Kartoffeln
Ein Bund frischer Kräuter (z. B. glatte
Petersilie, Dill)
Zwiebeln, rot und gelb
Knoblauch
Ingwerknolle, evtl. Kurkumaknolle
Chilischote
Zitronen oder Limetten
Milch, Joghurt & Butter

OBST & BEEREN:

Obst und Beeren schmecken erfrischend köstlich und enthalten reichlich gesunde Vitalstoffe und Vitamine. Im Ayurveda sollten frische Früchte **immer allein und pur** gegessen werden, da Kombinationen mit anderen Lebensmitteln (z. B. Getreide, Müsli, Joghurt & Milch) oft zu Verdauungsproblemen führen können. Rohes Obst & Beeren kannst du als Zwischenmahlzeit, am besten zwei Stunden vor oder nach einer Hauptmahlzeit, zu dir nehmen.

TROCKENFRÜCHTE:

Trocknen bzw. Dörren ist eine der ältesten Konservierungsarten. Trockenobst ist gedörrtes Obst mit einer Restfeuchtigkeit von etwa 20 %. Die Struktur und die Farbe der Früchte bleiben erhalten. Sie enthalten große Mengen an Antioxidantien und versorgen den Organismus mit einer Vielzahl von Vitaminen, Mineralien und sekundären Pflanzenstoffen. Außerdem sorgt ihr hoher Ballaststoffgehalt für ein lang anhaltendes Sättigungsgefühl und eine geregelte Verdauung. Trockenfrüchte werden vielseitig (z. B. im Porridge, für Chutneys) in der Ayurveda-Küche eingesetzt und gehören deshalb zur Grundausstattung im Vorratsschrank.
Tipp: Trockenfrüchte sollte man **immer unbehandelt & ungezuckert kaufen.**

SAISONKALENDER OBST & BEEREN:

Verfügbarkeit nach Jahreszeiten:

Äpfel	August-November
Bananen	ganzjährig
Pfirsiche	Juli-September
Aprikosen	Juli-August
Orangen	November-März
Pflaumen	Juli-September
Mangos	ganzjährig
Trauben	September-Oktober
Birnen	August-Oktober
Kirschen	Juni-August
Mandarinen	November-März
Erdbeeren	Mai-Juli
Blaubeeren	Juni-September
Johannisbeeren	Juni-August
Brombeeren	Juli-September
Stachelbeeren	Juni -August

Folgende Trockenfrüchte sind ganzjährig verfügbar:
Datteln, Feigen, Pflaumen, Weintrauben, Äpfel und Aprikosen.

DIE WIRKUNG VON ROHEM OBST AUF DIE DOSHAS:

Süßes Obst: wirkt kühlend,
z. B. Mango, Trauben, Pfirsiche, Süßkirschen, erhöht Kapha, senkt Pitta & Vata.

Saures Obst: wirkt erhitzend,
z. B. Stachelbeeren, Grapefruit, Zitrone, erhöht Pitta, wirkt reizend auf das Blutgewebe.

Herbes Obst: wirkt kühlend,
z. B. Preiselbeeren, Äpfel, Birnen, Quitte, erhöht Vata, senkt Pitta.

DIE JUWELEN DER VERDAUUNG

KRÄUTER & GEWÜRZE:

Mit ihren ätherischen Ölen regen sie nicht nur unsere Sinne an, sie haben auch einen Einfluss auf unsere Verdauung und den Stoffwechsel, sind voller Vitalstoffe und werden seit Jahrhunderten wegen ihrer Wirkung in der ayurvedischen Heilkunde eingesetzt.

Mit den Gewürzen können wir die Lebensmittel in einer Speise ihrer Energetik entsprechend ausgleichen. Sie gleichen also einseitige Wirkungen von Nahrungsmitteln aus. Beispielsweise gleicht man stark erhitzende Lebensmittel mit kühlenden Gewürzen aus. Jede Pflanze hat ihren eigenen Geschmack - süß, sauer, salzig, bitter, scharf oder herb. Durch die Zugabe von Gewürzen sollten alle sechs Geschmacksrichtungen angesprochen werden.

Kräuter & Gewürze geben jedem Gericht eine besondere Geschmacksnote. Der Zeitpunkt der Zugabe von Kräutern & Gewürzen in eine Speise ist entscheidend dafür, dass sie ihr volles Aroma entfalten können und ihre gesundheitsfördernde Wirkung nicht verloren geht.

Bei falscher Anwendung verflüchtigen sich die ätherischen Öle und wertvolle Inhaltsstoffe gehen verloren. Deshalb sollen die Gewürze immer beim Kochen frisch gemörsert zugegeben werden. Manche Gewürze werden bei zu starkem Erhitzen sogar bitter.

Frische Kräuter werden immer zum Schluss frisch geschnitten zum Gericht gegeben.

KÜCHEN-ABC GEWÜRZE:

- Kaufe ausschließlich ganze Gewürze & Samen (z. B. ganze Pfefferkörner und Koriandersamen) in guter Bioqualität.
- Mörsere sie frisch beim Kochen, damit sie ihre Seele, die ätherischen Öle, ihre Würzkraft, Aroma und Wirkung vollständig freigeben können.
- Dosiere sie fein und würze immer erst zum Schluss des Kochprozesses nach.
- Lagere sie lichtgeschützt & trocken.
- Verbrauche gemahlene Gewürzmischungen nach der Haltbarkeit oder stelle dir selbst deine eigenen Gewürzmischungen frisch her.
- Manche Gewürze haben eine starke Färbekraft, z. B. Kurkuma. Eine verfärbte Küchenarbeitsfläche kannst du ganz einfach mit Ghee säubern.

KÜCHEN-ABC KRÄUTER:

- Kräuter frisch verbrauchen.
- Lagere sie kühl (Gemüsefach im Kühlschrank), lichtgeschützt in einem leicht befeuchteten Geschirrtuch eingewickelt.
- Frische Kräuter beim Kochen immer erst zum Schluss frisch gehackt dazugeben.
- Getrocknete Kräuter sollten in den letzten Minuten (10-20 Minuten) im Kochprozess dazugefügt werden, dann entfalten sie ihr Aroma am besten.
- TK-Kräuter haben nicht mehr die volle Kraft der frischen, können aber alternativ verwendet werden.

GRUNDREGELN & REIHENFOLGE BEIM ANRÖSTEN VON GEWÜRZEN:

Wenig Ghee oder Öl in eine Pfanne geben - die Gewürze & Samen sollen NICHT im Fett schwimmen.

1.	**grob**	erst die ganzen Gewürze & Samen 2–4 Sekunden anrösten
2.	**fein**	dann die gemahlenen Gewürze & Samen 1–2 Sekunden anrösten, damit sie nicht verbrennen und bitter schmecken
3.	**feucht**	dann die feuchten Zutaten wie Zwiebeln, Ingwer, Chili, Knoblauch dazugeben und 2–3 Minuten anschwitzen

WELCHE GEWÜRZE WERDEN TROCKEN ANGERÖSTET?

Alle Gewürze, die du für deine Gewürzmischungen (außer Kräuter) benötigst, werden ungemörsert im Ganzen in einer Pfanne bei mittlerer Hitze so lange trocken angeröstet, bis sie einen leichten Duft verströmen. Sie sollten abkühlen, bevor du sie mörsern oder mahlen kannst. Damit jeder am Esstisch seine Speise individuell nachwürzen kann, kannst du dir eine schöne Masalabox (Gewürzbox) zusammenstellen mit z. B. Steinsalz, Kurkuma, Asafoetida, Chiliflocken, Ghee, Currypulver, Paprikapulver oder mit deinen getrockneten oder frischen Lieblingskräutern.

GEWÜRZEMPFEHLUNG FÜR DIE DOSHAS:

Vata	nicht zu scharf, aber würzig
Pitta	eher milde, kühlende Gewürze
Kapha	gerne scharfe Gewürze

AJWAINSAMEN

Hustenlösend, wirkt positiv auf die oberen Atemwege, gut gegen Blähungen, wirksam bei Durchfall.

Doshas: verringert die Doshas Vata & Kapha
Geschmack: scharf
Eigenschaften: scharf, leicht

ASAFOETIDA - ASANT

Antiseptisch, tonisch, appetitanregend, verdauungsfördernd, hilft bei Blähungen, löst durch Darmträgheit entstandene Verstopfung, schmerzlindernd, geschmacksverstärkend.

Doshas: verringert die Doshas Vata & Kapha, vermehrt Pitta
Geschmack: scharf
Eigenschaften: leicht, ölig, scharf

BOCKSHORNKLEESAMEN - METHI

Entzündungshemmend, tonisch, gut gegen Blähungen, appetitanregend.

Doshas: verringert die Doshas Vata &Kapha, Pitta geringfügig
Geschmack: scharf
Eigenschaften: leicht, ölig

CAYENNEPFEFFER/CHILI

Cayennepfeffer ist ein Gewürz aus gemahlenen Chilis. Antibakteriell, speichelflussanregend, bei Appetitlosigkeit, kann Entzündungen verstärken, hilft schwere, schleimige und süße Speisen besser zu verdauen.

Doshas: verringert die Doshas Vata & Kapha, vermehrt Pitta
Geschmack: scharf
Eigenschaften: trocken, leicht, spitz

FENCHELSAMEN

Kühlendes Gewürz, unterstützt Leber & Milz, schärft den Verstand, gut gegen Blähungen & Durst, krampflösend, wirksam bei Durchfall, antibakteriell, blutreinigend.

Doshas: verringert die Doshas Vata & Pitta
Geschmack: scharf, bitter & süß
Eigenschaften: leicht & ölig

GEWÜRZNELKE

Blutreinigend, schmerzlindernd, entzündungshemmend, stärkt die Leberfunktion, verdauungsfördernd, hilft bei Magenübersäuerung, hilft bei Atembeschwerden, Husten & Kältegefühl.

Doshas: verringert Vata & Kapha, vermehrt Pitta
Geschmack: scharf
Eigenschaften: leicht, ölig

INGWER

Regt Verdauung & Appetit an, antibakteriell, blutreinigend, entzündungshemmend, stärkt die Leberfunktion, verdünnt auf natürliche Weise das Blut, leitet Giftstoffe aus dem Darm aus.

Doshas: verringert die Doshas Vata & Kapha
Geschmack: scharf
Eigenschaften: leicht, ölig & spitz
frischer Ingwer: schwer, trocken, spitz

KORIANDERSAMEN

Wohltuend für das Verdauungs- und Enzymsystem, lindert Blähungen, wirksam bei Durchfall, entkrampfend, stärkt Nerven & Gehirn, verringert die Gallenbildung.

Doshas: verringert und beruhigt alle Doshas, besonders Pitta
Geschmack: herb, bitter, süß & scharf
Eigenschaften: leicht, scharf & kühlend

KUMINSAMEN – KREUZKÜMMEL

reguliert die Darmflora, stärkt das Verdauungsfeuer Agni, gut gegen Blähungen, wirksam bei Durchfall, blutreinigend, stärkt die Leberfunktion.

Doshas: verringert die Doshas Vata & Kapha
Geschmack: scharf, süß
Eigenschaften: leicht, trocken

KURKUMA

Appetitanregend, entzündungshemmend, fiebersenkend, wirkt antiseptisch und antibakteriell, entgiftend & blutreinigend, regt die Leber und Galle an.

Doshas: verringert und beruhigt alle Doshas
Geschmack: scharf, bitter
Eigenschaften: leicht, trocken

MUSKATNUSS

Schlaffördernd, beruhigend, lindert Übelkeit & Blähungen, krampflösend, antibakteriell, appetitanregend.

Doshas: verringert die Doshas Vata & Kapha
Geschmack: scharf, bitter
Eigenschaften: spitz, leicht

PAPRIKAPULVER

Verdauungsfördernd, agni- und speichelflusanregend, bei Appetitlosigkeit, antibakteriell, immunstärkend, durchblutungsfördernd.

Doshas: verringert die Doshas Vata & Kapha
Geschmack: scharf
Eigenschaften: scharf, erhitzend

PFEFFERKORN, SCHWARZ

Antiseptisch & reinigt die Kanäle des Körpers, reguliert den Wasserhaushalt im Darm, entzündungshemmend, durchblutungsfördernd, leicht fiebersenkend, gegen Blähungen.

Doshas: verringert die Doshas Vata & Kapha
Geschmack: scharf
Eigenschaften: leicht & spitz

SENFSAMEN, GELB

Beruhigend, wirkt erhitzend, juckreizstillend, schmerzlindernd, antiseptisch, tonisch.

Doshas: verringert die Doshas Vata & Kapha
Geschmack: scharf
Eigenschaften: scharf, leicht, ölig

STEINSALZ

Verdauungsförderndes Mineralsalz, wasserbindend, leicht abführend, antiseptisch, trocknet gleichzeitig den Körper auch ein wenig aus.

Doshas: verringert die Doshas Vata & Kapha
Geschmack: salzig
Eigenschaften: schwer

STERNANIS

Hilft bei Verdauungsbeschwerden, wirkt schleimlösend, antibakteriell, gut bei leichter Erkältung, krampflösend.

Doshas: verringert die Doshas Vata & Kapha
Geschmack: scharf, bitter
Eigenschaften: leicht

ZIMT

Wärmendes Gewürz, gut bei Kreislaufschwäche, blutreinigend, antibakteriell, hilft bei Fieber & Erkältung.

Doshas: verringert die Doshas Vata & Kapha, vermehrt Pitta
Geschmack: scharf, bitter & süß
Eigenschaften: leicht, trocken & spitz

BASILIKUM

Blutreinigend, entgiftend, entzündungshemmend, stärkt das Herz.

Doshas:	verringert die Doshas Vata & Kapha
Geschmack:	scharf, bitter
Eigenschaften:	leicht, trocken, spitz

DILL

Wirkt entkrampfend, verdauungsfördernd, schweißtreibend, stimulierend, gegen Übelkeit.

Doshas:	verringert die Doshas Vata & Kapha
Geschmack:	scharf, bitter
Eigenschaften:	leicht, trocken, spitz

KORIANDER

Blutreinigend, entgiftend, entzündungshemmend, stärkt das Herz.

Doshas:	verringert die Doshas Vata & Kapha
Geschmack:	scharf, bitter
Eigenschaften:	leicht, trocken, spitz

MAJORAN

Verdauungsfördernd, entgiftend, gut gegen Blähungen, regt das Verdauungsfeuer Agni an.

Doshas:	verringert die Doshas Vata & Kapha, vermehrt Pitta
Geschmack:	scharf, bitter
Eigenschaft:	leicht, trocken, spitz

MINZE

Appetitanregend, verdauungsfördernd, geschmacksverstärkend, krampflösend.

Doshas:	verringert die Doshas Vata & Kapha, beruhigt Pitta
Geschmack:	scharf, herb, süß
Eigenschaften:	leicht, trocken, spitz

OREGANO

Verdauungsfördernd, stärkt das Herz.

Doshas: verringert die Doshas Vata & Kapha
Geschmack: scharf, zusammenziehend
Eigenschaften: scharf

PETERSILIE, GLATT

Harntreibend, krampflösend, fördert die Verdauung und hebt den Appetit, hilft bei Verstopfung.

Doshas: verringert die Doshas Vata & Kapha, regt Pitta leicht an
Geschmack: scharf, bitter
Eigenschaften: schwer, trocken

ROSMARIN

Stärkt das Herz & Kreislauf, fördert die Durchblutung, entzündungshemmend, krampflösend.

Doshas: verringert die Doshas Vata & Kapha, erhöht leicht Pitta
Geschmack: süß, zusammenziehend
Eigenschaften: trocken

SALBEI

Entzündungshemmend, reduziert die Schweißbildung, harntreibend, Hustenlöser.

Doshas: gleicht Vata und Kapha aus, erhöht leicht Pitta
Geschmack: scharf, bitter, zusammenziehend
Eigenschaften: leicht, trocken

THYMIAN

Hustenstillend, verdauungsfördernd.

Doshas: verringert die Doshas Vata & Kapha, erhöht leicht Pitta
Geschmack: scharf, bitter
Eigenschaften: leicht, spitz

AYURVEDA AUF DEM TELLER

REZEPTE

„Die Nahrung bildet den fundamentalen Atem aller Lebewesen. Vitalität, Freude, Mut, Lebenskraft, gute Ausstrahlung, Glück, attraktive Stimme, Zufriedenheit, Vorstellungskraft, Potenz, Fruchtbarkeit, Intellekt, religiöse, weltliche und spirituelle Aktivitäten – all das hängt von ihr ab."

Caraka Samhita, Sutra Sthana

Ghee

DAS GOLD DES AYURVEDA

geklärte, gereinigte Butter – ideal zum Braten, Backen und Frittieren

ZUTATEN (ERGIBT CA. 750 ML FERTIGES GHEE):

1 kg Biosüßrahmbutter

ZUBEREITUNG:

- Butter in einem Kochtopf langsam auf kleiner Flamme schmelzen und zum Kochen bringen.
- Die Herdplatte auf die kleinste Stufe stellen, sodass die Butter ganz leicht blubbert. Keinen Deckel auflegen und ab und zu mit einem Holzkochlöffel sanft umrühren.
- An der Oberfläche entsteht nach einigen Minuten ein Schaum aus geronnenem Milcheiweiß.
- Ca. 45 Minuten sanft köcheln lassen, bis das Ghee klar und goldgelb ist und sich die Molke als Schaum abgesetzt hat.
- Das fertige Ghee durch ein Mulltuch oder einen Teefilter abseihen (Kaffeefilter eignen sich nicht) und in saubere Gläser füllen. WICHTIG: Die Molke darf nicht mit ins Glas gelangen!
- Die offenen Gläser mit einem sauberen Küchentuch abdecken und abkühlen lassen. Das abgekühlte Ghee mit einem Deckel verschließen.

Ghee ist ideal für Menschen mit Laktoseintoleranz, denn es ist frei von Milchzucker (Laktose) und Milcheiweiß.

LANGE HALTBARKEIT:

Um Schimmelbildung zu vermeiden, ist es unabdingbar, alle benötigten Utensilien peinlich sauber zu halten. Unter dieser Voraussetzung ist Ghee ca. ein Jahr und länger haltbar. Ghee kann, muss aber nicht im Kühlschrank aufbewahrt werden. (Dort wird es sehr fest und ist schlechter zu verarbeiten.)

GESUNDHEITSFÖRDERNDE EIGENSCHAFTEN:

In der traditionellen ayurvedischen Lehre ist Ghee seit Tausenden von Jahren Lebensmittel und Medizin in einem. Ghee soll Verdauungskräfte anregen und wertvolle Wirkstoffe im Körper transportieren. Ghee enthält die essenziellen Fettsäuren Omega-3 und Omega-9 im richtigen Verhältnis, außerdem die Vitamine A, D, E und K.

Es besitzt alle guten Eigenschaften von Butter, kann jedoch mit einer Verbrennungstemperatur von bis zu 250 °C punkten. Damit ist Ghee hervorragend geeignet zum Braten, Backen und Frittieren.

VARIANTE:

Du kannst auch Sauerrahmbutter verwenden. Gregors Empfehlung ist Süßrahmbutter, weil der Ghee-geschmack milder ist.

Ingwerwasser-Morgenpower

ZUTATEN:

1 l	Wasser
2-3 cm	frische Ingwerwurzel, möglichst in Bioqualität

ZUBEREITUNG:

- Ingwerwurzel grob trocken abbürsten, in Scheiben schneiden oder grob hacken.
- Wasser aufkochen, Ingwer hineingeben und mit geschlossenem Deckel mindestens 10 Minuten köcheln lassen.
- Durch ein feines Sieb in eine Warmhaltekanne abfüllen und über den Tag verteilt in kleinen Schlucken trinken.

INFO:

Eine Tasse heißes Ingwerwasser am Morgen auf nüchternen Magen ist eine gute Vorbereitung für die Verdauung. Das wärmende, leicht scharfe Ingwerwasser sorgt durch seine stoffwechselanregende Wirkung für einen lebendigen Start in den Tag. Im Gegensatz zum Kaffee ist es auch oftmals verträglicher – aber natürlich auch nicht ganz so aufputschend wie das Koffein. Kaffee schätzen wir (neben seinem leckeren Geschmack) vor allem wegen seiner schnell eintretenden belebenden Wirkung. Ingwerwasser wirkt hier sanfter, aber auch nachhaltiger. Statt literweise Kaffee zu trinken und den Körper damit zu übersäuern (Kaffee in Maßen ist durchaus gesund.), gönne dir zwischendurch einmal ein warmes Ingwerwasser. Das tut auch der Darmflora und dem Säure-Basen-Haushalt gut. Pitta-Menschen sollten mit Ingwer etwas vorsichtig sein – nur bis zum Mittag trinken.

Ayurvedawasser

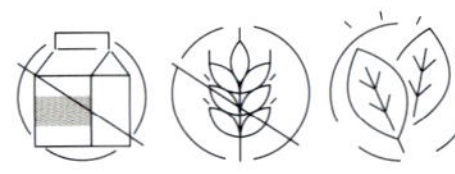

ZUBEREITUNG:

- 1½ l Wasser ohne Deckel mindestens 5-20 Minuten köcheln, bis etwa ⅓ der Wassermenge eingekocht ist.
- In eine Thermoskanne abfüllen und über den Tag verteilt in kleinen Schlucken trinken. Morgens als Erstes eine Tasse ayurvedisches Wasser oder Ingwerwasser trinken, nach Geschmack mit etwas frisch gepresstem Zitronensaft verfeinern

DAS GEHEIMNIS DES AYURVEDAWASSERS:

Zur Entgiftung und Entschlackung werden im Ayurveda über den Tag verteilt kleine Schlucke von abgekochtem, heißem Wasser getrunken. Das warme Wasser ist in vielerlei Hinsicht wertvoll. Durch das Einkochen des Wassers wird die physische Struktur des Wassers verändert und kann somit besser vom Körper und den Zellen aufgenommen werden, was eine starke auskratzende und vitalisierende Wirkung nach sich zieht. Warmes Wasser ist für jeden ayurvedischen Typ (Vata, Pitta, Kapha) geeignet, weil es eben neutral ist und keine Extrazutaten wie Kräuter oder Gewürze enthält.

Kerngesundes Würztopping

HIGHLIGHT FÜR SALATE & CO.

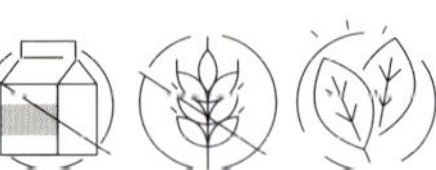

ZUTATEN:

3 EL	Sonnenblumenkerne
3 EL	Kürbiskerne
3 EL	Cashewkerne
1 TL	Sesamöl
2 EL	Shoyu-Sojasoße (glutenfreie Alternative: Tamarisoße)

ZUBEREITUNG:

- Alle Zutaten bis auf die Shoyusoße in einer schweren Pfanne erhitzen.
- Bei mittlerer Hitze solange braten, bis die Kerne leicht braun werden und anfangen zu knacken.
- Von der Platte ziehen, unter Schwenken mit Shoyu ablöschen.
- Ein paar Minuten ziehen lassen, anschließend in eine Schale umfüllen.

TIPPS:

Das Topping kannst du z. B. für Salate, Gemüse, Suppen, als pikante Knabberei & Topping für Aufstriche benutzen.

Die Nüsse & Samen kannst du natürlich auch individuell nach Belieben zusammenstellen.

WARENKUNDE - SHOYU:

Würzprofi Shoyu ist eine natürlich fermentierte und rein pflanzliche Sojasoße. Sie ist mild-würzig und vielseitig einsetzbar. Ob zum Würzen oder Verfeinern von Gemüsegerichten, Suppen, in Dressings und Dips bis hin zum Nachwürzen bei Tisch. Um den vollen Geschmack zu erhalten, die Shoyusoße erst zum Ende der Kochzeit beifügen. In allen Rezepten mit Sojasoße kann Shoyu verwendet werden.

Gregors süße Waffeln

MIT AHORNSIRUP ODER ZIMTZUCKER

ZUTATEN:

500 g	Haferflocken
250 g	Weizenmehl
120 g	Mandeln
600 ml	Reismilch oder Wasser
2-3 EL	Ghee
1 EL	Zimt
½ TL	Kardamom
1 TL	Vanille
½ TL	Kurkuma
1 Prise	Steinsalz
1 Packung	Weinsteinbackpulver
1 EL	Mohnsamen (alternativ: Kakaopulver)
30 g	Rohrohrzucker

ZUBEREITUNG:

- Haferflocken, Mandeln und Zucker im Mixer fein mahlen.
- Mit dem Rührgerät mit den restlichen Zutaten zu einem dicklichen, zähen Teig verrühren und gehen lassen (kann gut über Nacht stehen). Ggf. Milch, Mandelmilch, Reismilch oder Wasser zugeben.
- Mit einem Waffeleisen kleine Waffeln backen.

KÜCHEN-ABC:

Mit einem Eisportionierer kannst du immer die gleiche Menge vom Waffelteig entnehmen und alle Waffeln werden gleich groß.

GLUTENFREIE VARIANTE:

Glutenfreie Haferflocken und Kichererbsenmehl statt Weizen- oder Dinkelmehl.

VEGANE VARIANTE:

Kokosfett statt Ghee verwenden.

DAZU PASST:

Ghee oder Butter, Marmelade oder süßer Aufstrich.

Gemüse-Kichererbsen-Waffeln

ZUTATEN:

400 g	Kichererbsenmehl
1 EL	Tamarisoße
1	Zwiebel (weiß oder rot, fein gehackt)
½ Stange	Lauch, fein in Streifen geschnitten
3-4	Karotten, fein geraspelt
½	Zucchini, fein geraspelt
¼	Sellerieknolle
1 EL	Bockhornkleeblätter
1 TL	je Steinsalz und Currymischung
½ TL	Weinsteinbackpulver
ca. 1 EL	Sesamöl (zum Gemüseandünsten)
	Wasser

ZUBEREITUNG:

- Das Öl in einer Pfanne erhitzen. Das Gemüse dazugeben und 2-3 Minuten unter Rühren andünsten. Gemüsemasse abkühlen lassen.
- Das Mehl in einer Schüssel mit Weinsteinbackpulver, Salz, Currypulver und den Bockshornkleeblättern vermischen.
- Alle restlichen Zutaten hinzufügen, mit einem Holzlöffel unterrühren und mit so viel Wasser auffüllen, dass ein zäher Pfannkuchenteig entsteht.
- Den Teig abgedeckt ½ Stunde ruhen lassen. Anschließend im Waffeleisen den Teig (ohne Fett) portionsweise zu Waffeln abbacken.

Joghurt-Kräuter-Chutney

ZUTATEN:

1 Bund	frische Kräuter
1/2	Chilischote frisch, mit Samen
1/2 cm	Ingwer frisch
2-3 EL	Kokosraspeln
etwas	gemahlener schwarzer Pfeffer und Steinsalz
2-3 TL	Currygewürzmischung
2 EL	Agavendicksaft
1/2 TL	Kurkuma, gemahlen
500 g	frischer Vollfettjoghurt

ZUBEREITUNG:

- Alle Zutaten im Mixer mixen OHNE! Joghurt. Zum Schluss den Joghurt unterrühren und durchziehen lassen.

KÜCHEN-ABC:

Wegen der guten Backeigenschaften empfiehlt Gregor ein Brüsseler Waffeleisen.

REZEPTVARIANTE:

¼ von der Kichererbsenmehlmenge kannst du durch Superfoodmehle, z. B. Lupinenmehl oder Hanfmehl, ersetzen.

Amaranth-Mais-Porridge

BEKÖMMLICH UND VITALISIEREND

ZUTATEN:

ca. 600 ml	Wasser
200 g	Amaranth
50 g	Maisgrieß (Polenta)
1–2 EL	Rosinen
2 EL	Mandeln, blanchiert und grob gehackt
1	kleine Zimtstange
¼ TL	Kurkuma, gemahlen
½ TL	Kardamom
1 EL	Ghee
	Rohrohrzucker nach Geschmack (alternativ z. B. Dattelsirup, Kokosblütenzucker)

ZUBEREITUNG:

- Amaranth in Wasser einstreuen, Zimtstange zugeben und erhitzen.
- Ca. 30 Minuten köcheln lassen.
- Maisgrieß einstreuen, kurz aufwallen lassen.
- Restliche Zutaten hinzufügen, ca. 5 Minuten ausquellen lassen, evtl. noch Wasser zugeben bis zur gewünschten Breikonsistenz.
- Mit Rohrohrzucker abschmecken.

VEGANE VARIANTE:

Kokosfett statt Ghee verwenden.

REZEPTVARIANTE:

Du kannst z. B. frische Mangowürfel, frische Ananasstücke zum Schluss unterheben oder gewürfelte Trockenfrüchte (z. B. Datteln und Feigen) beim Kochen dazugeben, damit diese schon beim Kochen ihre Süße abgeben.

Birnenkompott:
Rezept Seite 54

Milchreis

EIN GENUSS DER BESONDEREN ART

ZUTATEN FÜR 4 PERSONEN:

1 Tasse	Milchreis
4–5 Tassen	Reismilch
1 EL	Ghee
1 Prise	Steinsalz
1–2 EL	Rosinen
1	kleine Zimtstange
½ TL	Kurkuma

ZUBEREITUNG:

- Reismilch in einen Topf geben.
- Milchreis einrühren und bei mittlerer Hitze kurz aufkochen lassen.
- Bei niedriger Hitze den Milchreis ca. 20–30 Minuten garen lassen, bis der Reis weich ist. Ab und zu mit einem Holzkochlöffel sanft umrühren, damit nichts anbrennt.
- Je nach Geschmack mit Zimtzucker bestreuen.

VEGANE VARIANTE:

Ghee ersetzen durch vegane Margarine.

REZEPTVARIANTE:

Die Rosinen können nach Geschmack weggelassen werden. Dazu passen alle Arten von Fruchtkompott, z. B. Birnenkompott (Rezept Seite 54).

DAZU PASST:

Traubenkompott:
Rezept Seite 56

Tsampa-Frühstücksbrei

OPTIMALE ENERGIE FÜR DEN TAG

ZUTATEN:

120 g	Tsampa (geröstetes Gerstenmehl)
2 EL	Rohrohrzucker
1 EL	Ghee
100–200 ml	Wasser oder Ingwerwasser, je nach gewünschter Konsistenz des Breis
100–200 ml	Sahne, je nach gewünschter Konsistenz des Breis
1 EL	Trockenfrüchte (z. B. Rosinen, Datteln, Feigen …)
1 EL	Mandelstifte oder gemahlene Mandeln
½ TL	Kardamom, gemahlen
½ TL	Ceylon-Zimt, gemahlen

ZUBEREITUNG:

- Tsampa mit Zucker trocken anrösten.
- Ghee dazu geben, kurz weiterrösten.
- Flüssigkeit einrühren, aufkochen lassen.
- Trockenfrüchte und Mandeln zugeben und ca. 3 Minuten quellen lassen und umrühren.
- Mit Zimt und Kardamom abschmecken und warm servieren.

Vierkorn-Porridge

ZUTATEN:

ca. 200 g	Vierkornflocken
200–300 ml	Reismilch oder Wasser
1 EL	Ghee
1 EL	Kokosflocken
1 EL	gehackte Pistazien
1 EL	Ahornsirup
1 Prise	Steinsalz

ZUBEREITUNG:

- Die Vierkornflocken trocken anrösten. Die Kokosflocken und Pistazien zufügen und für 20–30 Sekunden unter Rühren weiter anrösten.
- Reismilch oder Wasser zufügen (Flocken sollten knapp bedeckt sein im Topf.), aufkochen und kurz quellen lassen.
- Ghee, Ahornsirup und Salz unterrühren. Sofort servieren.

VEGANE VARIANTE: 

Vegane Margarine oder Kokosöl statt Ghee verwenden.

VARIANTE MIT APFEL, MANDELN & DATTELN ZUM PORRIDGE:

1	Apfel, entkernt und in 0,5 cm Würfel geschnitten
1 EL	Rohrohrzucker
1 EL	gehackte Mandeln
1 EL	gehackte Datteln
	Ahornsirup oder Dattelsirup zum Nachsüßen
½ TL	Zimt
½ TL	Kardamom
¼ TL	Kurkuma
ca. 250 g	Kornflocken
400–500 ml	Mandelmilch
1 EL	Ghee

- In einem Topf den Zucker, Apfelstücke, Mandeln und Datteln hellbraun anschwitzen. Ghee und die Flocken zugeben und unter gelegentlichem Rühren ca. 30 Sekunden weiter anschwitzen. Mit der Mandelmilch knapp bedeckt ablöschen.
- Einmal aufkochen und die Herdplatte ausschalten. Alle Gewürze unterheben. Evtl. noch mit Sirup nachsüßen.

DAZU PASST:

Traubenkompott, Rezept Seite 56.

Reisflocken

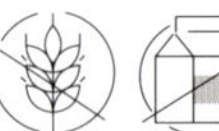

LEICHTES FRÜHSTÜCK FÜR DEN ALLTAG

ZUTATEN:

200 g	Reisflocken
3-4 Tassen	Reismilch
2 EL	Ghee
1 Prise	Steinsalz

ZUBEREITUNG:

- Die Reisflocken trocken in einem Topf anrösten.
- Mit Reismilch auffüllen, sodass die Flocken gut bedeckt sind, aufkochen und ca. 3-5 Minuten kurz quellen lassen.
- Evtl. noch etwas Reismilch zugeben, da die Reisflocken gut nachquellen.
- Ghee und Salz unterrühren.
- Mit gewählter Garnierung sofort servieren.

VEGANE VARIANTE: 

Vegane Margarine oder Kokosöl statt Ghee verwenden.

KÜCHEN-ABC:

Durch das trockene Anrösten der Flocken entsteht mehr Aroma.

REZEPTVARIANTE:

Die Reisflocken können durch verschiedene Toppings (z. B. Granatapfelkerne, Pistazien oder Nüsse) viele Geschmacksrichtungen annehmen. Für mehr Süße können zerkleinerte Datteln untergehoben werden.

DAZU PASST:

Apfelkompott, Rezept Seite 56

Dinkelflocken

ZUTATEN:

ca. 120 g Dinkelflocken
100–200 ml Wasser
1 EL Ghee
1 Prise Steinsalz

ZUBEREITUNG:

- Die Dinkelflocken trocken in einem Topf anrösten.
- Mit Wasser auffüllen, sodass die Flocken knapp bedeckt sind, aufkochen und ca. 3–5 Minuten kurz quellen lassen.
- Ghee und Salz unterrühren. Sofort servieren.

VEGANE VARIANTE:

Vegane Margarine oder z. B. Kokosöl statt Ghee verwenden.

REZEPTVARIANTE:

Wasser durch Reis- oder Hafermilch ersetzen.

Birnenkompott

ZUTATEN:

3–4 reife Biobirnen (entkernt und in mundgerechte Stücke geschnitten)
200 ml trüber Apfel- oder Birnensaft (oder Saft-Wasser-Gemisch 1:1)
½ TL Ingwer, gemahlen
½ TL Kurkuma, gemahlen
2 Nelken
½ Zimtstange

ZUBEREITUNG:

- Birnenstücke, Saft und Gewürze in einen Topf geben.
- Aufkochen und 5–10 Minuten sanft köcheln lassen (je nach Reife der Früchte).

PRAXISTIPP:

Bitte mit Deckel köcheln, damit die Energie im Topf bleibt!
Bei Biobirnen ist das Schälen nicht erforderlich.

KÜCHEN-ABC:

Durch das trockene Anrösten der Flocken entsteht mehr Aroma. Die Flocken schmecken gut zu Kokosjoghurt und Früchten.

Apfelkompott

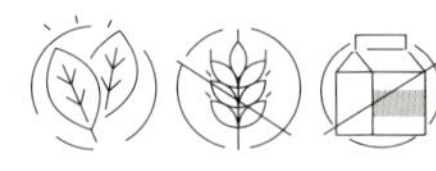

ZUTATEN:

3-4	reife Bioäpfel (entkernt, geachtelt)
200 ml	trüber Apfelsaft
½ TL	Ingwer, gemahlen
½ TL	Kurkuma, gemahlen
2	Nelken
½	Zimtstange

ZUBEREITUNG:

- Apfelstücke, Saft und Gewürze in einen Topf geben.
- Aufkochen und 5-10 Minuten sanft köcheln lassen (je nach Reife der Früchte).

KÜCHEN-ABC:

Bitte mit Deckel köcheln, damit die Energie im Topf bleibt!
Bei Bioäpfeln ist das Schälen nicht erforderlich.

Traubenkompott

ZUTATEN:

ca. 500 g	reife Trauben (rote oder weiße Trauben)
200 ml	heller oder roter Traubensaft
½ TL	Ingwer, gemahlen
½ TL	Kurkuma, gemahlen
1	Sternanis
½	Zimtstange

ZUBEREITUNG:

- Trauben waschen. Trauben, Saft und Gewürze in einen Topf geben.
- Aufkochen und 5-10 Minuten sanft köcheln lassen (je nach Reife der Früchte).

Bananen-Ananas-Kokos-Kompott

GESCHMACKVOLL UND BELEBEND

ZUTATEN:

3–4	Bananen
¼	Ananas, frisch
0,5 l	Orangensaft
100 ml	Kokosmilch
1 EL	Kokosraspeln
½ TL	Kurkuma
1 TL	Ingwer, gemahlen

ZUBEREITUNG:

- Bananen schälen und in 3–4 cm lange Stücke schneiden.
- Lege die Ananas quer auf ein Schneidebrett und schneide mit einem mittelgroßen Messer den grünen Blütenansatz der Frucht weg. Wiederhole das Gleiche am unteren Ende der Ananas und schneide den Boden ab.
- Die Ananas längs vierteln, die Schale abschneiden und den Strunk entfernen.
- Das Viertel noch mal längs durchschneiden und in 0,5 cm Scheiben schneiden.
- Backofen auf 170–180 °C vorheizen. Orangensaft, Kokosmilch, Kokosraspeln, Kurkuma, Ingwer in einer Auflaufform gut mischen.
- Obst zugeben und im Ofen ca. 30 Minuten backen.

TIPP:

Dazu passt perfekt Amaranth-Porridge (Rezept Seite 44) oder andere Flockenrezepte.

REZEPTVARIANTE:

Du kannst dieses Rezept ganz nach deinem Geschmack und deiner Kreativität abwandeln, z. B. Äpfel und frische Mangostücke mit Apfel-Mango-Saft, Gojibeeren und Topping von grob gehackten Mandeln.

Minestrone

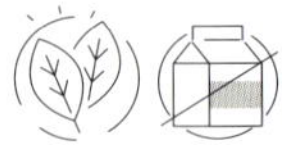

AYURVEDISCHE GEMÜSESUPPE

ZUTATEN:

4	Möhren
1	Fenchelknolle
1	Zucchini
½	Staudensellerie
3	Fleischtomaten
2 EL	Olivenöl
je 1 TL	Kuminsamen, Korianderkörner, Fenchelsamen, Pippali, gemörsert
1	Gemüsezwiebel
3	Knoblauchzehen, fein gehackt
1–2 EL	Tomatenmark
1 Stück	Ingwer, frisch gehackt
je ½ TL	Oregano, Thymian, Salbei
1–2 TL	Cayennepfeffer
2 EL	Paprika, edelsüß
1 TL	Kurkuma, gemahlen
1½ l	Gemüsebrühe oder Ingwerwasser
ca. 50 g	Gerstengraupen
	Steinsalz
	schwarzer Pfeffer, frisch gemahlen
1 Bund	frisches Basilikum
1–2 EL	Zitronensaft

ZUBEREITUNG:

- Gerstengraupen in einem Topf mit Wasser ca. 30 Minuten kochen. Dann in ein Sieb abgießen und mit kaltem Wasser abschrecken.
- Möhren, Fenchel, Zucchini, Sellerie und Tomaten in mundgerechte Stücke schneiden.
- Öl in einem Topf erhitzen, gemörserte Gewürze einstreuen und 2–3 Sekunden anschwitzen. Zwiebeln zufügen und kurz mit andünsten.
- Gehackten Knoblauch, Gemüse, Kräuter & restliche Gewürze hineingeben. Tomatenmark einrühren.
- Mit Flüssigkeit auffüllen und mindestens ½ Stunde sanft köcheln lassen.
- Nach Ende der Kochzeit die vorgekochten Graupen zugeben, mit Salz, Pfeffer und Zitronensaft abschmecken, in tiefe Teller füllen und mit Basilikum garniert servieren.

REZEPTVARIANTE:

Die Gerstengraupen kannst du durch kleine feine Suppennudeln (z. B. Risoni oder Puntine), kleine weiße, weich gekochte Bohnen oder Reis ersetzen. Geriebener Hartkäse (klassisch: Parmesankäse) eignet sich sehr gut als Topping am Tisch.

Süßkartoffelsuppe mit Grünkohl

WÄRMEND UND WOHLTUEND

ZUTATEN:

3	mittelgroße Möhren, abgebürstet und zerteilt
400 g	Süßkartoffeln, grob zerteilt
150 g	Knollensellerie, geschält, grob zerteilt
200 g	Grünkohl
2 EL	Ghee
je 1 TL	Kuminsamen, Korianderkörner, Fenchelsamen, grob gemörsert
1	Zwiebel, fein gehackt
2	Knoblauchzehen, fein gehackt
1 cm	Ingwer, frisch, fein gewürfelt
1 TL	Currypulver
1 TL	Kurkuma, gemahlen
	Steinsalz
1 l	Gemüsebrühe oder Ingwerwasser
40 g	Walnüsse
200 g	Joghurt (10 % Fettgehalt)

ZUBEREITUNG:

- Grünkohl vom Strunk rupfen, waschen und ca. 2 Minuten blanchieren, anschließend abgießen und zum Trocknen auf ein Geschirrhandtuch legen.
- 1 EL Ghee in einem Topf erhitzen, Koriander, Fenchel und Kumin 2-3 Sekunden darin anschwitzen. Zwiebel, Knoblauch und Ingwer dazugeben und kurz mitdünsten lassen.
- Möhren, Süßkartoffeln und Knollensellerie zufügen und weitere 5 Minuten garen. Mit Curry, Kurkuma und wenig Steinsalz würzen, mit Flüssigkeit auffüllen.
- Kurz aufkochen lassen, dann auf kleiner Flamme ca. 20 Minuten köcheln lassen.
- In der Zwischenzeit Grünkohl und Walnüsse grob hacken.
- Das restliche Ghee in einer Pfanne erhitzen, Grünkohl und Walnüsse hineingeben und ca. 5 Minuten andünsten.
- Die Suppe pürieren, 120 g Joghurt unterrühren und erneut abschmecken.
- In tiefe Teller füllen und mit der Grünkohl-Walnuss-Mischung sowie dem restlichen Joghurt garniert servieren.

VEGANE & LAKTOSE-FREIE VARIANTE:

Olivenöl statt Ghee verwenden,
Sojajoghurt statt Joghurt verwenden.

Tomatenkaltschale

ERFRISCHENDE SOMMERSUPPE

ZUTATEN:

1	Salatgurke, grob gewürfelt
500 g	Tomaten, grob gewürfelt
1	Scheibe Brot, grob gewürfelt
1	Biolimette, Saft und Zesten
600 ml	Tomatensaft
2	Knoblauchzehen, grob gehackt
1 TL	Koriandersamen, gemörsert
1 TL	Fenchelsamen, gemörsert
1 TL	Kuminsamen, gemörsert
½ TL	Ingwer, gemahlen

TOPPING:

4 TL	Schmand oder Joghurt (10 % Fettgehalt)
1 EL	Minzblätter, gehackt
½ TL	Steinsalz
	schwarzer Pfeffer, frisch gemahlen
½ TL	Kurkuma
¼ TL	Chilipulver
½ Bund	Basilikumblätter
2 Kugeln	Mozzarella, grob gewürfelt

ZUBEREITUNG:

- ⅓ der Gurkenwürfel beiseitestellen, Tomaten- und Brotwürfel mit den restlichen Gurkenstücken, Limettensaft und Zesten in einen Mixer füllen.
- Tomatensaft, Knoblauch und Gewürze zufügen und pürieren. Kaltschale in eine Schüssel umgießen, Mixer ausspülen.
- Für das Topping die restlichen Gurkenstücke in den Mixer geben und pürieren.
- Minzblättchen einstreuen, mit Schmand oder Joghurt glatt rühren. Kaltschale und Topping mit Salz und Pfeffer abschmecken.
- Kaltschale in tiefe Teller füllen und mit Mozzarellawürfeln und Basilikum garniert servieren.

GLUTENFREIE VARIANTE: 

Grobe glutenfreie Haferflocken statt Brot verwenden.

KÜCHEN-ABC:

Zesten sind fein geschnittene Schalen von Zitrusfrüchten wie Zitronen, Limetten oder Orangen. Hierbei ist es wichtig, dass nur die bitterstofffreie obere Schale und nicht die weiße Unterschale verwendet wird. Zesten werden beim Kochen und Backen zum Aromatisieren verwendet. Wichtig ist, dass man zur Zestenherstellung ausschließlich Biofrüchte verwendet. Zesten werden mit einem Zestenreißer, wahlweise Sparschäler oder einem kleinen Küchenmesser geschnitten.

Topinambursuppe

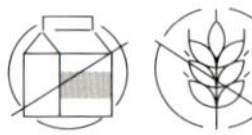

MIT SELLERIE & PASTINAKE

ZUTATEN:

1 EL	Ghee
½ TL	Koriandersamen, grob gemörsert
½ TL	Kuminsamen (Kreuzkümmel), grob gemörsert
½ TL	Fenchelsamen, grob gemörsert
3–4	Pippali (Langpfeffer), grob gemörsert
1	Knollensellerie, klein, geschält, grob gewürfelt
4–5	Knollen Topinambur, geschält, grob gewürfelt
2–3	Pastinaken, geschält, grob gewürfelt
1 cm	Ingwer, frisch, in kleine Würfel gehackt
½–1 TL	Steinsalz
8–10	Pfefferkörner, schwarz, frisch gemahlen
½–1 TL	Currypulver
1 l	Ingwerwasser oder Gemüsebrühe
	frische Kräuter (z. B. Petersilie, Koriander, Schnittlauch), gehackt zum Bestreuen der Suppe

ZUBEREITUNG:

- Ghee in einem größeren Topf erhitzen, gemörserte Gewürze 2–3 Sekunden anschwitzen. Gemüse und Ingwer zugeben und 1–2 Minuten mit andünsten.
- Mit Kurkuma bestäuben, mit Flüssigkeit auffüllen und bei mittlerer Hitze gar köcheln.
- Suppe pürieren, evtl. etwas Flüssigkeit zugeben (falls die Suppe zu sämig ist).
- Mit Salz, Pfeffer und Curry abschmecken. Frisch gehackte Kräuter beim Servieren mit auf den Tisch stellen.

VEGANE VARIANTE:

Olivenöl statt Ghee verwenden.

KÜCHEN-ABC:

Wie Kartoffeln kann man auch die Topinamburknolle als Beilage verwenden oder zu leckeren Suppen, Salaten, Püree oder Rösti verarbeiten.

Artischocken

MIT WILDKRÄUTERPESTO

ZUTATEN FÜR 4 PERSONEN:

4	Artischocken
3–4	Gewürznelken
4–5	Pfefferkörner, schwarz
1	Lorbeerblatt, getrocknet
½ TL	Korianderkörner
1–2 TL	Zitronensaft oder Balsamico Bianco
ca. 4 l	Wasser

Pesto:

100–200 ml	Olivenöl
1 Handvoll	Wildkräuter, z. B. Pimpinelle, Bärlauch, Schnittknoblauch, Portulak, wilde Möhre
2–3	Knoblauchzehen, grob gehackt
1 EL	Pinienkerne
½ TL	Steinsalz
10	Pfefferkörner, schwarz, grob gemörsert
½ TL	Zitronensaft

ZUBEREITUNG:

- Den Stielansatz der Artischocken ca. 0,5 cm unterhalb der Blüte abschneiden, die äußeren Blätter wegbrechen, die oberen Blätter mit einem scharfen Messer auf ⅔ einkürzen.
- Wasser mit Nelken, Pfeffer, Lorbeer und Koriander im Topf zum Kochen bringen.
- Artischocken hineinsetzen und ca. 20–30 Minuten bei mittlerer Hitze ohne Deckel köchelnd garen.
- Artischocken herausheben, vierteln und evtl. vorhandenes Gras herausschneiden und auf einer Servierplatte anrichten.
- **Pesto zubereiten:** Wildkräuter waschen und gut trocknen, mit allen Zutaten im Mixer pürieren.
- Mit Salz und Pfeffer abschmecken und das Pesto zu den Artischocken servieren.

TIPP:

Frische reife Artischocken erkennst du an schweren, festen und kompakten Köpfen, einem knackigen Stiel mit dicht aneinanderliegenden festen Blättern. Sie sind voller Saft, wenn sie beim leichten Zusammendrücken knacken.

KÜCHEN-ABC:

Nicht alle Teile der Artischocke können verzehrt werden. Die äußeren Blätter der Artischockenknospe sind zäh, ebenso wie das faserige Innere (Heu oder Gras genannt). Dieses Heu musst du entfernen, bevor du das zum Verzehr geeignete Herz (auch Boden genannt) essen kannst. Der untere fleischige Bereich der Blätter und der Blütenboden sind butterzart und schmecken feinherb. Artischocken sind sehr gesund und haben viele gesundheitsfördernde Eigenschaften.

Auberginenpaste

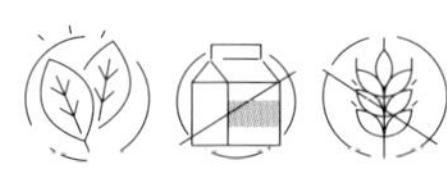

ZUTATEN FÜR 4 PERSONEN:

2	Auberginen, groß
1 EL	Olivenöl
1	Zwiebel, klein gewürfelt
2–3	Knoblauchzehen
10	Oliven, entsteint
1 kl. Bund	Petersilie, grob gehackt
½ TL	Kuminsamen (Kreuzkümmel), gemörsert
½ TL	Kurkumapulver
etwas	Zitronensaft
ca. ½ TL	Steinsalz
10	Pfefferkörner, schwarz, frisch gemörsert

ZUBEREITUNG:

- Backofen auf 180 °C vorheizen.
- Auberginen mit einer Gabel mehrmals einstechen, in einer Auflaufform im Ofen 30–45 Minuten weich backen, danach leicht auskühlen lassen.
- Öl in einer Pfanne erhitzen, Zwiebeln darin anbräunen.
- Das Fruchtfleisch aus den Auberginen herauslöffeln, mit den übrigen Zutaten vermengen.
- Im Mixer bis zur gewünschten Konsistenz pürieren.
- Mit Zitronensaft, Salz und Pfeffer abschmecken.

Dattel-Zucchini-Röllchen

ZUTATEN FÜR 4 PERSONEN:

1–2	Zucchini, groß
8	Datteln, entsteint
0,2 l	Orangensaft
1 EL	frische Minzblätter, gehackt
½	Chilischote, entkernt, fein gehackt
¼ TL	Kurkumapulver
¼ TL	Steinsalz
10	Pfefferkörner, schwarz, frisch gemörsert
½ EL	Ghee (oder Sesamöl – vegane Variante)

ZUBEREITUNG:

- Zucchini waschen, Stielansatz abschneiden und längs in ca. 0,5 cm dünne Scheiben schneiden.
- Scheiben leicht salzen und in Ghee bei mittlerer Hitze von beiden Seiten braten, bis sie sich rollen lassen, ohne zu brechen.
- Orangensaft erhitzen, Datteln ca. 3–4 Minuten darin köcheln lassen.
- Datteln herausheben, Chili und Minze in den Orangensud geben und auf die Hälfte einreduzieren lassen.
- Datteln auf die Zucchinischeiben setzen und darin einrollen.
- Röllchen auf einer Platte anrichten und warm stellen.
- Orangensud mit Kurkuma und Pfeffer würzen und mit Salz ab schmecken.
- Warm über die Zucchiniröllchen gießen und sofort servieren.

Taboulé

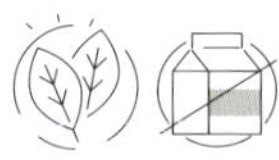

MIT SCHWARZEN OLIVEN UND TOMATEN

ZUTATEN FÜR 4 PERSONEN:

200 g	Couscous
1	rote Zwiebel, fein gewürfelt
½ l	Wasser
2	Frühlingszwiebeln, fein geschnitten
1	Knoblauchzehe, fein gewürfelt
2	Tomaten, fein gewürfelt (0,5 cm)
10-12	Oliven, schwarz, entsteint, in Scheiben
1 kl. Bund	glatte Petersilie, frisch, gehackt
2 EL	Olivenöl
1 EL	Zitronensaft
	Meersalz oder Steinsalz
	Pfeffer, schwarz, frisch gemahlen
¼ TL	Kumin (Kreuzkümmel – optional)
1 Prise	Zimtpulver (optional)

ZUBEREITUNG:

- Wasser in einem Topf zum Kochen bringen.
- Couscous unter Rühren langsam einstreuen.
- Vom Herd nehmen und mit Deckel ziehen lassen.
- Couscous leicht auskühlen lassen.
- Alle restlichen Zutaten und den Couscous in eine Schüssel geben und vorsichtig mit einem Holzlöffel vermischen.
- Das Taboulé mit einem Tuch abdecken und 30 Minuten durchziehen lassen.
- Mit Salz und Pfeffer abschmecken.

REZEPTVARIANTEN:

1 handvoll frische, gehackte Minzblätter zusätzlich unterheben.

Pikante-scharfe Variante: Mit ½ TL Harissa oder Chilipaste würzen oder die Gewürze mit auf dem Tisch zum Nachwürzen stellen.

KÜCHEN-ABC:

Frische glatte Petersilie hat kräftige tiefgrüne Blätter und ist voll mit wertvollen gesunden Nährstoffen und aromatischer als krause Petersilie. Wenn du rohe Zwiebeln nicht so gut verträgst, kannst du sie der Bekömmlichkeit halber vorher in etwas Öl in einer Pfanne glasig schwitzen, abkühlen lassen und dann erst in den Salat geben.
Die Stiele von der glatten Petersilie können ganz fein gehackt mitgegessen werden und sind besonders aromatisch. In ein ganz leicht angefeuchtetes Geschirrtuch gewickelt, bleibt die Petersilie im Kühlschrank bis zu einer Woche frisch. Vorher nicht waschen!

Carpaccio

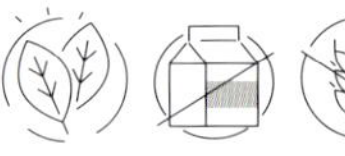
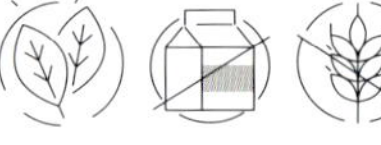

VON STREIFENBETE UND KOHLRABI

ZUTATEN FÜR 4 PERSONEN:

1–2	Knollen gestreifte Bete
1–2	Kohlrabi, geschält, mittelgroß
5–6	Pfefferkörner, schwarz, ganz
3–4	Gewürznelken, ganz
7–8	Curryblätter
½ TL	Korianderkörner, ganz
1 TL	Salz

MARINADE:

100 ml	Orangenöl
20–30 ml	Himbeeressig
ca. ½ TL	Steinsalz
10	Pfefferkörner, schwarz, frisch gemörsert
1 TL	Ahornsirup

ZUBEREITUNG:

- Streifenbete mit Schale in Salzwasser bissfest garen, Schale abziehen, abkühlen lassen.
- Gewürze in einen Topf mit Salzwasser geben, Kohlrabi im Ganzen darin bissfest garen, abkühlen lassen.
- Marinade aus Orangenöl, Himbeeressig, Salz, Pfeffer und Ahornsirup herstellen.
- Bete und Kohlrabi in dünne Scheiben schneiden – entweder mit einem Gemüsehobel oder der Brotmaschine.
- Dann Bete und Kohlrabi im Wechsel auf einer Servierplatte wie einen Fächer anrichten.
- Mit der Marinade beträufeln und servieren.

REZEPTVARIANTE:

Vegetarisches Carpaccio kann aus vielen verschiedenen Gemüsesorten gemacht werden und ist eine leichte und schmackhafte Mahlzeit.

Blumenkohl

MIT ERBSEN UND KARTOFFELN

ZUTATEN FÜR 4 PERSONEN:

1	Blumenkohl waschen und in Röschen teilen
4-5	Kartoffeln, geschält und gewürfelt (1 cm)
1 Tasse	Erbsen (TK Ware)
1	rote Zwiebel, klein gewürfelt
1	Knoblauchzehe, fein gehackt
1 TL	Currygewürz
½ TL	Kurkuma
5	getrocknete Curryblätter
1-2 EL	Ghee
Steinsalz	nach Geschmack
1 kl. Bund	frisch gehackter Koriander zum Bestreuen

ZUBEREITUNG:

- Ghee im Topf erhitzen, Gewürze und Curryblätter 2-3 Sekunden anrösten.
- Knoblauch, Zwiebel, Kurkuma dazugeben und 2 Minuten durchschwitzen.
- Blumenkohlröschen und Kartoffelwürfel dazugeben.
- Mit Ingwerwasser ablöschen, sodass das Gemüse bedeckt ist.
- Ca. 15-20 Minuten mit Deckel bissfest garen. Erbsen zugeben und ca. 2 Minuten weiter köcheln.
- Mit Salz abschmecken. Anrichten und mit dem frisch gehackten Koriander bestreuen.

KÜCHEN-ABC:

Die aromatischen Stiele vom Blumenkohl werden geschält, in Würfel geschnitten und mitgekocht. Als Alternative kann anstelle von Blumenkohl auch sehr gut Romanesco verwendet werden.

DAZU PASST:

Gekochter Basmatireis und Beluga Dal (Rezept Seite 120)

Bohnen-Tomaten-Ragout

MIT GERÖSTETEN ERDNÜSSEN

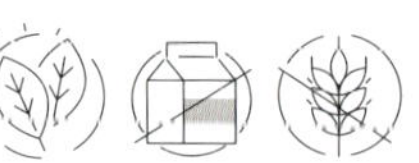

ZUTATEN FÜR VIER PERSONEN:

600 g	grüne Bohnen
2 EL	Sesamöl
je ½ TL	Korianderkörner, Kuminsamen, Fenchelsamen, gemörsert
1	rote Zwiebel, klein gewürfelt
1	Scheibe frischer Ingwer, fein gehackt
2 EL	Tomatenmark
300 ml	Wasser
½ Bund	Bohnenkraut, gezupft und gehackt
½–1 TL	Steinsalz
½ TL	schwarzer Pfeffer, frisch gemörsert
200 ml	passierte Tomaten
10	Cocktailtomaten, halbiert
1 Bund	glatte Petersilie, gehackt
100 g	geröstete Erdnüsse

ZUBEREITUNG:

- Bohnen waschen und quer halbieren. Sesamöl im Topf erhitzen, Gewürze hineingeben und 2 Sekunden anrösten.
- Sofort Zwiebelstückchen und Ingwer zugeben, kurz anschwitzen.
- Bohnen und Tomatenmark zufügen und 1–2 Minuten andünsten. Mit Wasser ablöschen, sodass die Bohnen bedeckt sind und Bohnenkraut zufügen.
- Deckel auflegen und bei kleiner Hitze 15 Minuten schmoren lassen.
- Anschließend passierte Tomaten und Cocktailtomaten in das Gemüse geben.
- Weitere 5 Minuten ziehen lassen (nicht mehr kochen!).
- Mit Salz und Pfeffer würzen. Petersilie unterheben, mit gerösteten Erdnüssen bestreut servieren.

KÜCHEN-ABC:

Grüne Bohnen (auch Brechbohne, Schnittbohne, Prinzessbohne genannt) sind die noch unreifen Schoten der Gartenbohnen und werden als Gemüse gegessen.
Durch die Zugabe von Bohnenkraut & Gewürzen werden die Bohnen bekömmlicher, die von Natur aus schwer verdaulich sind.

DAZU PASST:

Gerste, Rezept Seite 114 oder Ofenkartoffeln, Rezept Seite 110

Chicorée gebacken

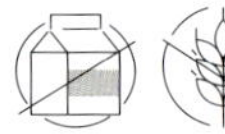

MIT GEMÜSE, ROTEN LINSEN UND PANEER

ZUTATEN FÜR 4 PERSONEN:

4	Chicorée

MARINADE FÜR DEN CHICORÉE:

50 ml	Sonnenblumenöl
ca. 100 ml	Wasser
Saft von 1	Zitrone
1 TL	Rohrohrzucker
½ TL	Steinsalz oder Kräutersalz
1 EL	Ghee
½ TL	Fenchelsamen, gemörsert
½ TL	Koriandersamen, gemörsert
¼ TL	Kuminsamen, gemörsert
½ TL	Senfsamen, braun
1 mittlere	Zwiebel, fein gewürfelt
1 geh. EL	rote Linsen
1	große Karotte, gewürfelt
½	Fenchelknolle, gewürfelt
150 g	Paneer (Seite 110)
150 ml	Gemüsebrühe
evtl. 50 ml	Weißwein
½ TL	Kurkuma
	Steinsalz und Pfeffer zum Abschmecken

ZUBEREITUNG:

- Chicorée der Länge nach halbieren. Den Strunk soweit entfernen, dass die Blätter noch zusammenhalten.

- Mit der Schnittfläche nach oben in eine leicht gefettete (mit Ghee) Auflaufform geben, mit der Marinade übergießen und im Ofen bei ca. 170 °C Umluft ca. 15 Minuten vorgaren.

- In der Zwischenzeit Ghee in einem Topf erhitzen und die Gewürze kurz anschwitzen. Zwiebel dazugeben und weiter anschwitzen. Gemüse und Linsen hinzufügen und weitere 2–3 Minuten andünsten.

- Kurkuma drüber stäuben, mit der Flüssigkeit ablöschen und ca. 10 Minuten einkochen lassen. Mit Salz, Pfeffer abschmecken.

- Chicorée aus dem Ofen nehmen. Das Gemüse mit der Soße über den Chicorée gießen. Mit klein gewürfeltem Paneer bestreuen und etwas Ghee aufträufeln. Im Backofen weitere 15–20 Minuten backen.

DAZU PASST:

Couscous, Rezept Seite 112 und Pflaumen-Chutney, Rezept Seite 132

Ofen-Fenchel

MIT CHAMPIGNONS UND PANEER

ZUTATEN FÜR 4 PERSONEN:

3-4	Fenchelknollen
200 g	braune Champignons
1 Schuss	Weißwein (optional)
1	rote Zwiebel, klein gewürfelt
1 cm	Ingwer, klein gehackt
200-300 ml	Gemüsebrühe
50 ml	Sahne
½ TL	Koriandersamen, frisch gemörsert
½ TL	Fenchelsamen, frisch gemörsert
½ TL	Anissamen, frisch gemörsert
8-10	schwarze Pfefferkörner, gemörsert
1-2 EL	Ghee
½ TL	Garam Masala
¼ TL	Kurkuma
1 Msp.	Asafoetida
2 Prisen	Cayennepfeffer
1 TL	frischer Zitronensaft
1 kl. Bund	glatte Petersilie, klein gehackt
1-2 TL	Steinsalz und Pfeffer zum Abschmecken
ca. 300 g	Paneer (Rezept Seite 110)

ZUBEREITUNG:

- Den Fenchel putzen, Strunk abschneiden, die grünen Stiele auf ⅓ abschneiden.
- Das Fenchelgrün zur Dekoration beiseitelegen. Den Fenchel vierteln und den Kern so weit abschneiden, dass die Blätter nicht auseinanderfallen.
- Die Champignons putzen und in grobe Stücke schneiden. In einem Topf ½ EL Ghee erhitzen, die gemörserten Gewürze für 2-3 Sekunden anrösten.
- Sofort den Fenchel dazugeben und für 1-2 Minuten weiter anschwitzen. Mit Weißwein ablöschen und mit der Gemüsebrühe auffüllen.
- Deckel aufsetzen und bissfest garen, je nach Fenchelgröße ca. 15 Minuten.
- Fenchelsud in ein Gefäß abgießen und aufbewahren. Im zweiten Topf 1 EL Ghee erhitzen. Zwiebel und Ingwer 10-15 Sekunden anschwitzen.

- Die Champignons zugeben und weitere 30 Sekunden anschwitzen.
- Dann mit Garam Masala, Kurkuma, Cayennepfeffer und Asafoetida abstäuben, durchrühren und mit dem Fond vom Fenchel ablöschen.
- Aufkochen, Sahne zugeben und die Herdplatte ausschalten.
- Zuerst probieren und dann erst mit Salz, Pfeffer und Zitronensaft fertig würzen.
- Die Petersilie unterrühren. In eine Auflaufform die Fenchelviertel legen.
- Die Champignonmasse in der Mitte längs verteilen.
- Den Paneer klein bröseln und darüber verteilen.
- Mit dem restlichen Ghee beträufeln. Im vorgeheizten Ofen (180 °C) ca. 10 Minuten leicht bräunen lassen.
- Mit dem gehackten Fenchelkraut bestreuen.

LAKTOSEFREIE UND VEGANE VARIANTE:

Sahne durch vegane Sahne ersetzen, Paneer durch Tofu ersetzen, Sesamöl oder Kokosöl statt Ghee verwenden.

Vegetarische Bolognese

AUF PASTA SERVIERT

ZUTATEN FÜR 4 PERSONEN:

2	mittelgroße Möhren, gebürstet und fein geraspelt
1	Lauchstange, grob geschnitten
1	kleine rote Bete, grob gewürfelt
1	kleine Zucchini, in grobe Stücke zerteilt
3 EL	schwarze Oliven, ohne Stein
2 EL	Sesamöl
½ TL	braune Senfsaat
1	Gemüsezwiebel, fein gewürfelt
1	Knoblauchzehe, fein gehackt
1	Chilischote, entkernt, fein gehackt
2	Fleischtomaten, geachtelt
1 Msp.	Kurkuma, gemahlen
1 TL	Harissagewürz
1 TL	edelsüßer Paprika
200 ml	Tomatenmark
500 ml	Ingwerwasser
1–2 EL	Olivenöl
1 TL	Steinsalz
1 TL	schwarzer Pfeffer, frisch gemörsert
1 EL	Oreganoblätter, frisch gezupft
1 EL	Thymian, frisch oder getrocknet

ZUBEREITUNG:

- Möhren, Lauch, rote Bete und Zucchini mit den Oliven im Mixer zerkleinern. Sesamöl in einem Topf erhitzen.
- Senfsamen darin anrösten, bis diese anfangen zu springen (3–4 Sekunden).
- Zwiebeln, Knoblauch und Chili zufügen und leicht anbräunen.
- Tomaten und Kurkuma zufügen und zum Köcheln bringen.
- Gemüse in die Tomatenmasse geben, unter Rühren 5 Minuten andünsten.
- Ingwerwasser mit Tomatenmark, etwas Salz und den Gewürzen verrühren, dem Gemüse hinzufügen und bei milder Hitze 20 Minuten köcheln lassen.
- Mit Olivenöl, Salz, Pfeffer und frischem Oregano und Thymian abschmecken für einen optimalen Geschmack.

Kohlrabi-Möhren-Paprika-Curry

MIT BASMATIREIS

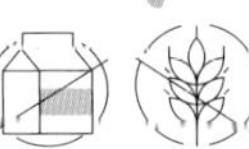

ZUTATEN:

2 EL	Ghee
je ½ TL	Korianderkörner, Muskatblüte, Kuminsamen, grob gemörsert
1 TL	Pfeffer schwarz oder Pippali, gemahlen
6	Curryblätter
1	rote Zwiebel, fein gewürfelt
1	Knoblauchzehe, fein gehackt
1 cm	Ingwer, frisch, fein gehackt
½ TL	Garam Masala
2	Kohlrabi, geschält, geviertelt, in 0,5 cm Scheiben geschnitten
2	Möhren, gebürstet, gestiftet
1	rote Paprika, in 1 cm Würfel geschnitten
½ TL	Kurkuma, gemahlen
150 ml	Ingwerwasser oder Gemüsebrühe
200–300 ml	Kokosmilch
2 TL	Currypulver
½ 1 TL	Steinsalz
3 EL	frisch gehackte Kräuter (Petersilie, Koriander)

ZUBEREITUNG:

- Grob gemörserte Gewürze und Curryblätter 2–3 Sekunden in Ghee anrösten, Zwiebel, Knoblauch und Ingwer zugeben, kurz anschwitzen.
- Garam Masala und restliches Gemüse hinzufügen, kurz mit andünsten.
- Kurkuma zugeben, mit Ingwerwasser ablöschen.
- Kokosmilch einrühren und 10–15 Minuten sanft köcheln lassen. Mit Currypulver und Steinsalz abschmecken.
- Mit den frisch gehackten Kräuter bestreuen. Dazu schmeckt Basmatireis.

Olivenöl statt Ghee verwenden.

KÜCHEN-ABC:

Kokosmilch ist in unterschiedlicher Konsistenz und Qualitäten erhältlich. Bei dickflüssiger Kokosmilch handelt es sich meist um die sogenannte „erste" Milch, bei dünnflüssiger dagegen um die „zweite" Milch der Kokosnuss, je nach Wasseranteil. Wenn du frische Kokosmilch mehrere Stunden stehen lässt, setzt sich der Fettanteil. Die Kokosnusscreme kannst du je nach gewünschter Konsistenz ganz einfach mit Wasser verdünnen.
Kokosmilch ist relativ kalorienreich, hat einen niedrigen Kohlenhydratgehalt und enthält wichtige Nährstoffe, z. B. Kalium.

Spinatstrudel mit Feta

GARNIERT MIT KERNTOPPING

ZUTATEN FÜR 4 PERSONEN:

STRUDELTEIG:

300 g	Weizenmehl 405
130 ml	Wasser, handwarm
1 EL	Essig
2 EL	Apfelmost
½ TL	Salz
50 ml	Rapsöl
100 g	Ghee

FÜLLUNG:

3 TL	Ghee oder Sesamöl
1 Ll	Korianderkörner, gemörsert
4–5	Pippali (Langpfeffer)
½ TL	Kuminsamen, gemörsert
½ TL	Fenchelsamen, gemörsert
1	Zwiebel, fein gewürfelt
2–3	Knoblauchzehen, fein gewürfelt
1–2	Möhren, klein gewürfelt (0,5 cm)
¼	Knollensellerie, klein gewürfelt (0,5 cm)
1 kg	Spinat, gut abgetropft
¼ TL	Kurkuma
¼ TL	Garam Masala
etwas	Muskat, frisch gerieben
1 TL	Steinsalz
1 TL	Pfeffer, schwarz, frisch gemörsert
1 EL	Sonnenblumenkerne
1 EL	Kürbiskerne
1 EL	Cashewkerne
200 g	Feta, klein gewürfelt (0,5–1 cm), idealerweise Ziegenfeta

ZUBEREITUNG:

Strudelteig:

- Alle Zutaten zu einem glatten Teig verkneten. Den Teig zu einer Kugel formen, dünn mit Öl bestreichen (damit er nicht austrocknet), mit einem Tuch abdecken und 1 Stunde bei Zimmertemperatur ruhen lassen.

- Den Teig auf ein mit Mehl bestäubtes Tuch legen und gleichmäßig sehr dünn ausrollen.

Füllung:

- In einem Topf 2 TL Ghee erhitzen, die gemörserten Gewürze 2–3 Sekunden anschwitzen.
- Zwiebeln, Knoblauch, Möhren und Knollensellerie zufügen und bei mittlerer Hitze 3–4 Minuten andünsten.
- Spinat zugeben, unterrühren und 4–5 Minuten weiter dünsten.
- Kurkuma, Muskat und Garam Masala einrühren und mit Salz und Pfeffer abschmecken.
- In einer Pfanne 1 TL Ghee erhitzen und Sonnenblumenkerne, Kürbiskerne und Cashewkerne goldbraun rösten.
- Backofen auf 230 °C vorheizen. Zunächst die Spinatfüllung, anschließend die Kernmischung, danach die Fetawürfel gleichmäßig auf dem ausgezogenen Strudelteig verteilen.
- Den Strudel mithilfe des Küchentuchs aufrollen und auf ein gefettetes oder mit Backpapier ausgelegtes Backblech setzen.
- Die Rolle hauchdünn mit Ghee bestreichen, in den Ofen schieben und ca. 30 Minuten goldbraun backen.
- Kurz auskühlen lassen, in 5–6 cm dicke Scheiben schneiden und sofort servieren.

LAKTOSEFREIE, VEGANE VARIANTE:

Vegane Margarine statt Ghee verwenden – veganen Feta verwenden.

Kürbis-Broccoli-Mandala

MIT ROTE-BETE-SOẞE

ZUTATEN FÜR 4 PERSONEN:

½ EL	Ghee
¼ TL	Korianderkörner, grob gemörsert
¼ TL	Fenchelsamen, grob gemörsert
4-5	Pfefferkörner, schwarz, grob gemörsert
3	Gewürznelken, grob gemörsert
½ TL	Kurkuma, gemahlen (¼ TL für den Kürbis)
1	rote Bete, geschält, in Würfel geschnitten
	Ingwerwasser
	Steinsalz
	Garam Masala
5 EL	Olivenöl
½ EL	Ahornsirup
1 EL	Tamari (weizenfreie Sojasoße)
½ EL	Rosmarinnadeln, grob gehackt
1	Hokkaidokürbis, klein, halbiert und entkernt
1	Broccoli, in Röschen geteilt
1-1½ l	Salzwasser
1 EL	Mandelblättchen, angeröstet

ZUBEREITUNG:

Rote-Bete-Soße:

- Ghee in einem Topf erhitzen, die gemörserten Gewürze 2-3 Sekunden darin anschwitzen. Rote Bete zufügen, kurz weiter dünsten.
- Mit Kurkuma bestäuben und mit Ingwerwasser auffüllen, bis die Rote Bete gut bedeckt ist.
- Weichkochen, pürieren und mit Salz und Garam Masala abschmecken.

Gemüse:

- Backofen auf 175 °C vorheizen. Olivenöl, Kurkuma, Ahornsirup, Tamarisoße und Rosmarinnadeln zu einer Marinade verrühren.
- Kürbis in schmale Spalten schneiden, mit der Marinade mischen und im vorgeheizten Backofen ca. 20-25 Minuten garen. Broccoli in Salzwasser bissfest garen.
- Auf eine Servierplatte die heiße Rote-Bete-Soße gießen (Soßenspiegel). Broccoli-Röschen in die Mitte setzen, Kürbisspalten sternförmig darum dekorieren.
- Sofort mit gerösteten Mandelblättchen bestreut servieren.

VEGANE VARIANTE:

Olivenöl oder Sesamöl statt Ghee verwenden.

DAZU PASST:

Ofenkartoffeln, Rezept Seite 110

Mangold-Sushi-Röllchen

AUF PAPRIKA-KOKOS-MANGOLD-SOßE

ZUTATEN FÜR 4 PERSONEN:

1-2	Mangoldstauden mit großen Blättern, gewaschen
4	große Möhren, geschält
12	Kartoffeln, mittelgroß, geschält, grob zerteilt
1 Prise	Muskat, frisch gerieben
1-2 EL	Ghee
1 TL	Steinsalz

SOßE:

½ TL	Korianderkörner, grob gemörsert
½ TL	Fenchelsamen, grob gemörsert
½ TL	Pfefferkörner, schwarz, grob gemörsert
½ TL	Kuminsamen (Kreuzkümmel), grob gemörsert
1	Zwiebel, fein gehackt
½ cm	Ingwer, fein gewürfelt
½ TL	Kurkuma, gemahlen
1	rote Paprikaschote, in kleine Würfel geschnitten
150 ml	Ingwerwasser oder Gemüsebrühe
200-300 ml	Kokosmilch
1 TL	Steinsalz
1 TL	Curry

ZUBEREITUNG:

Sushi:

- Mangold waschen. Die Blätter vorsichtig vom Stiel herausschneiden.
- Die Stiele in schmale Stücke schneiden (0,5 cm). Blätter in Salzwasser schwimmend 30 Sekunden blanchieren, in kaltem Wasser abschrecken.
- Blätter auf einem Küchentuch zu einem Rechteck legen, Blätter sollten überlappen.
- Möhren in leicht gesalzenem Wasser bissfest garen, herausnehmen, abkühlen lassen.
- Kartoffeln in Salzwasser weich kochen, kurz ausdämpfen lassen und mit einem Kartoffelstampfer feines Püree herstellen und mit Muskat, Ghee und Salz abschmecken.
- Das warme Püree auf die Mangoldblätter aufstreichen. Möhren längs hintereinander in der Mitte platzieren. Mithilfe des Küchentuchs zu einer festen Roulade einrollen.

Soße:

- Ghee im Topf erhitzen, die gemörserten Gewürze 2–3 Sekunden anschwitzen.
- Zwiebel und Ingwer zufügen, kurz mit anschwitzen, mit Kurkuma bestäuben.
- Paprika und Mangoldstiele einrühren, mit Flüssigkeit ablöschen und aufkochen.
- Kokosmilch zugießen und auf mittlerer Hitze 10 Minuten garen.
- Mit Salz und Curry abschmecken.
- Backofen auf 180 °C vorheizen.
- Roulade in 4–5 cm breite. Scheiben schneiden und in eine feuerfeste Form setzen.
- Mit Ghee beträufeln und im Backofen ca. 5–10 Minuten erhitzen.
- Auf eine Servierplatte die heiße Paprika-Mangold-Soße gießen.
- Mangold-„Sushi" heiß daraufsetzen und servieren.

VEGANE VARIANTE: 

Olivenöl oder Sesamöl statt Ghee verwenden.

Gefüllte Pastinaken

MIT HONIG

ZUTATEN FÜR 4 PERSONEN:

4	Pastinaken, groß, geschält, halbiert
3 EL	Cashewkerne, trocken geröstet
1 Bund	Petersilie, grob gehackt
1 EL	Honig
½ TL	Curry
½ TL	Kurkuma, gemahlen
1 TL	Steinsalz
½–1 TL	Pfeffer, schwarz, frisch gemahlen
1 EL	Ghee
½ TL	Korianderkörner, grob gemörsert
½ TL	Fenchelsamen, grob gemörsert
3–4	Pippali (Langpfeffer), grob gemörsert (oder schwarzer Pfeffer)
0,3–0,5 l	Ingwerwasser (je nach Topfgröße)

ZUBEREITUNG:

- Pastinakenhälften in gleich lange Stücke schneiden und teilweise aushöhlen, das Innere sowie die Reststücke beiseitelegen, NICHT wegwerfen.
- Ghee in einem Topf erhitzen, gemörserte Gewürze 2–3 Sekunden anschwitzen.
- Pastinaken (inkl. Mark und Reststücke) zugeben, 1 Minuten mit anschwitzen. Mit Ingwerwasser bedecken und bissfest garen, Pastinakenstücke herausheben, Brühe aufheben.
- Die Pastinakenstücke mit der ausgehöhlten Seite nach oben in eine feuerfeste Form legen.
- Backofen auf 170 °C vorheizen.
- Reststücke der Pastinaken mit Cashews, Petersilie und Honig im Mixer fein pürieren. Curry und Kurkuma einrühren, mit Salz und Pfeffer abschmecken.
- Die Masse mit einem Spritzbeutel mit Sterntülle auf die Pastinaken aufspritzen.
- Bis 1 cm hoch mit Brühe angießen, mit Ghee beträufeln und ca. 10 Minuten backen lassen.
- Dazu passt ein Chutney.

Statt mit einer Spritztülle kann die Masse auch mit einem Teelöffel auf die Pastinakenhälften aufgesetzt werden.

KÜCHEN-ABC:

Pastinaken sind ein typisches Herbst- und Wintergemüse, schmecken leicht süßlich, würzig-aromatisch. Geschmacksintensiver und zarter sind die kleinen Pastinaken. Durch die enthaltenen ätherischen Öle sind sie besonders gut verdaulich, schonen den Magen und wirken leicht antibakteriell. Aus dem würzigen Wurzelgemüse lassen sich sowohl deftige Eintöpfe als auch feine Suppen und Pürees zubereiten.

Rote-Bete-Gemüse

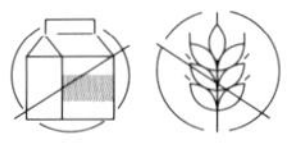

MIT FEIGEN

ZUTATEN FÜR 4 PERSONEN:

1 EL	Ghee
3	Gewürznelken, gemörsert
3	Pimentkörner, gemörsert
1	Lorbeerblatt
5	schwarze Pfefferkörner, gemörsert
½ TL	Kuminsamen (Kreuzkümmel), gemörsert
1	kleine Zimtstange
1-2 cm	Ingwer, frisch, klein gewürfelt
½ TL	Kurkuma, gemahlen
4	Knollen rote Bete, in Würfel geschnitten
0,5-0,7l	Ingwerwasser
3	Feigen, getrocknet, klein geschnitten
1 TL	Steinsalz
2 EL	frisch gehackte Kräuter, nach Geschmack

ZUBEREITUNG:

- Ghee in einem Topf erhitzen. Nelken, Piment, Lorbeer, Pfeffer, Kumin und Zimt zugeben und kurz (3 Sekunden) darin anschwitzen.
- Ingwer und Kurkuma zufügen und kurz weiter dünsten.
- Rote-Bete-Würfel zugeben und mit so viel Ingwerwasser auffüllen, dass die Bete knapp bedeckt ist, und ca ½ Stunde köcheln lassen.
- Die Feigenstückchen untermischen und weitere 15 Minuten mitgaren.
- Mit Salz abschmecken, frische Kräuter nach Geschmack untermischen und servieren.

KÜCHEN-ABC:

Rote Bete ist eine kalorienarme, wahre Powerknolle mit vielen guten Nährstoffen, vor allem viel Eisen zur Förderung der Blutbildung, und kann gekocht oder roh, z. B. fein geraspelt, gegessen werden. Der Geschmack ist leicht erdig und süß. Das klassische Herbst- und Wintergemüse sollte sich beim Kauf sehr fest anfühlen. Dann sind die Knollen frisch. Generell gilt: Je kleiner die Rüben, desto zarter sind sie.

DAZU PASST:

Basmatireis, Dal und ein Chutney.

Spitzkohl-Flammkuchen

MIT WEINTRAUBEN UND CRÈME FRAÎCHE

ZUTATEN FÜR 4 PERSONEN:

TEIG:

8 g	frische Hefe
25 ml	Wasser, lauwarm
200 g	Dinkelvollkornmehl
75 ml	Buttermilch
	Steinsalz
2 EL	Olivenöl

FÜLLUNG:

1	Spitzkohl, gehobelt
1	große rote Zwiebel, in dünne Ringe gehobelt
2	Tomaten, in Scheiben geschnitten
1	Apfel oder 1 Handvoll Trauben
1 TL	Curry oder Kurkuma
1 TL	Majoran, frisch gezupft oder getrocknet
1 TL	Steinsalz
1 TL	schwarzer Pfeffer, frisch gemörsert
200 g	Crème fraîche

ZUBEREITUNG:

- Hefe mit Wasser verrühren, mit Mehl, Buttermilch, Salz, Öl zu einem geschmeidigen Teig verkneten, abdecken, an einem warmen Ort ca. 2 Stunden gehen lassen.
- Spitzkohl mit Zwiebeln und Apfel oder Trauben kurz andünsten, mit Curry, Kurkuma und Majoran würzen, mit Salz und Pfeffer abschmecken.
- Teig auf einem Backblech ausrollen, Spitzkohlmischung darauf verteilen.
- Die Tomaten auf dem Flammkuchen dekorieren, Crème fraîche flüssig rühren und gleichmäßig auf der Gemüsemischung verteilen.
- Im vorgeheizten Backofen bei 250 °C ca. 15 Minuten backen.

REZEPTVARIANTE:

Den Spitzkohl kannst du durch z. B. Wirsingkohl, Spinat oder Fenchelgemüse mit Walnüssen ersetzen, statt dem Apfel eine Birne nehmen, statt Crème fraîche Sojasahne, Hafercuisine oder nicht zu festen Kräuterpaneer (Grundrezept Seite 110). Du fügst nur noch frische, gehackte Kräuter hinzu.

Steckrübenbratling

MIT SESAMSOẞE

ZUTATEN FÜR 4 PERSONEN:

2	Steckrüben

AUSBACKTEIG:

3–4 EL	Kichererbsenmehl
2–3 EL	Olivenöl
2 EL	Tamarisoße
1 EL	Wasser (evtl. etwas mehr)
	Ghee zum Ausbacken
1 geh. TL	Garam Masala
1 TL	Steinsalz
½ TL	Kurkuma
1–2 TL	Bockhornkleeblätter
¼ TL	Muskatnuss, frisch gerieben
1TL	rote Chiliflocken oder 1 frische Chili, fein gehackt
½ TL	Weinsteinbackpulver

SESAMSOẞE:

2–3 TL	Reismehl
50 ml	Sahne oder Sojasahne
1 EL	Tahin
Steinsalz	nach Geschmack
1–2 EL	geröstete Sesamsamen

ZUBEREITUNG:

- Steckrüben schälen, halbieren und in ca. 1 cm dicke Scheiben schneiden.
- Die Scheiben in kochendem Salzwasser (1 TL Salz) bissfest garen. Die Steckrübenscheiben mit einer Schaumkelle aus dem Wasser heben und auf einen Teller legen. Den Fond aufheben für die Soße! Alle restlichen Zutaten in eine Schüssel geben und mit einem Schneebesen zu einem geschmeidigen dickflüssigen Teig verrühren.
- Teig 30 Minuten ruhen lassen. Je nach Konsistenz entweder noch etwas Wasser hinzugeben oder etwas Kichererbsenmehl unterrühren. Die Steckrübenscheiben darin wenden.
- Ghee in einer Pfanne erhitzen und die marinierten Steckrübenscheiben goldgelb ausbacken.

Sesamsoße:

- Den Steckrübenfond mit 2–3 TL Reismehl abbinden, nach Wunsch etwas Sahne dazugeben und aufkochen. 1 EL Tahin unterheben und mit Salz abschmecken. Sesamsamen unterrühren.

DAZU PASST:
Kartoffelpüree, Rezept Seite 108

Wirsingrouladen

MIT PILZ-MARONEN-SOẞE

ZUTATEN FÜR 4 PERSONEN:

1	Wirsing (8-12 große Wirsingblätter)
120 g	Nacktgerste, über Nacht eingeweicht
3	Karotten, in kleine Würfel geschnitten
1	Lauchzwiebel, geschnitten
½	Sellerie, geschält und gewürfelt
2	mittelgroße Zwiebeln, fein gehackt
1	grüne Chilischote, fein gehackt
2	Knoblauchzehen, fein gehackt
1 Bund	Petersilie, grob gehackt
2 TL	Thymian
1 TL	Kurkumapulver
1 l	Gemüsebrühe
2 EL	Sesamöl
10	Pfefferkörner, grob gemörsert
2-3 Stücke	Macis, grob gemörsert
1 TL	Kumin, grob gemörsert
1 TL	Fenchel, grob gemörsert
1 TL	Koriandersamen, grob gemörsert
	Steinsalz, schwarzer Pfeffer

PILZ-MARONEN-SOẞE:

1 EL	Ghee
200 g	Champignons, geputzt und in Scheiben geschnitten
30 g	Maronen, in grobe Stücke geschnitten
200 ml	Sahne
	Steinsalz, schwarzer Pfeffer zum Abschmecken

ZUBEREITUNG:

- Vom Wirsing 12 große Blätter ablösen, den Mittelstrunk herausschneiden. Die Blätter in kochendem Salzwasser zwei Minuten blanchieren.

- Die Nacktgerste sollte vorgekocht oder über Nacht eingeweicht sein. Die Gerste gut abspülen und mit der zwei- bis dreifachen Menge Wasser mindestens 60 Minuten kochen. Brühe nicht wegschütten.

- Topf mit Sesamöl erhitzen, die gemörserten Gewürze zugeben und zwei bis drei Sekunden anrösten.

- Zwiebeln, Knoblauch und Chilischote dazugeben und kurz anschwitzen.
- Gerste und das Gemüse hineingeben und ein paar Minuten weiter schmoren lassen.
- Kurkumapulver und Kräuter unterheben. Mit Salz und Pfeffer abschmecken und die Masse leicht abkühlen lassen.
- Die Wirsingblätter mit der Masse füllen und zu Rouladen formen, evtl. mit einem Holzspieß fixieren.
- Die Rouladen in eine feuerfeste Form legen und mit dem Gerstenwasser oder der Gemüsebrühe auffüllen.
- Ca. 45 Minuten bei 170 °C im Backofen garen, danach die restliche Rouladenbrühe abgießen und auffangen.
- Für die Pilz-Maronen-Soße in einem Topf Ghee erhitzen und Pilze sowie Maronen anbraten. Mit der Rouladenbrühe ablöschen, Sahne hinzugeben und etwa eine Minute einkochen lassen.
- Abschmecken und die Soße über die Rouladen gießen.

Roter Camargue-Spitzenreis

ZUTATEN FÜR 4 PERSONEN:

250 g	roter Camargue-Reis, unbehandelt und ungeschält
600 ml	Wasser (2-2,5-fache Menge vom Reis)
1 TL	Steinsalz

ZUBEREITUNG:

- Das Wasser in einem Topf zum Kochen bringen.
- Salz zugeben.
- Den Reis einrühren und ca. 40-45 Minuten bei geringer Hitze im geschlossenen Topf köcheln lassen.
- Den Topf vom Herd nehmen und den Reis noch 5-10 Minuten ruhen lassen.

Reis-Grundrezept

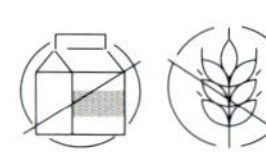

ZUTATEN FÜR 4 PERSONEN:

200 g	Basmatireis
1 TL	Ghee
400 ml	Wasser
1 TL	Himalayasteinsalz
Evtl.	frische Kräuter, Sesam, Kürbiskerne

ZUBEREITUNG:

- Reis unter fließendem Wasser waschen und gut abtropfen lassen, dann in einen Topf geben und anschwitzen, bis er duftet.
- Doppelte Menge Wasser zugeben, salzen und einmal gut aufkochen lassen.
- Hitze ausschalten, Topf mit einem Deckel schließen und ca. 15 Minuten fertig ziehen lassen.
- Je nach Geschmack können Ghee, frische gehackte Kräuter, Sesamsamen untergerührt werden.

BEACHTE:

Damit der Reis leicht verdaulich & aromatisch ist, sollte er nicht zu jung sein. Die Lagerzeit sollte mindestens 7 Monate, besser noch 2 Jahre sein. Man kann Reis auch gut zu Hause ablagern!

KÜCHEN-ABC:

Echter roter Camargue-Reis wird im Süden Frankreichs angebaut. Dort wächst diese besondere Spitzensorte auf tonhaltigem Boden und erhält dadurch sein charakteristisches Aroma und die typische rote Farbe.

VEGANE VARIANTE:

Reis in 1 TL Olivenöl oder Kokosöl statt in Ghee anschwitzen.

Spinat-Joghurt-Raita

MIT SCHWARZEM SESAM UND KORIANDER

ZUTATEN:

300 g	frischer Spinat
1 EL	Ghee
500 g	Joghurt (3,8 % Fett)
je ½ TL	Schwarzkümmel, Korianderkörner, Kuminsamen
6–8	schwarze Pfefferkörner, ganz
¼ TL	Kurkumapulver
½ TL	Steinsalz
	eventuell etwas Ahornsirup
	Koriander zum Dekorieren, gehackt

ZUBEREITUNG:

- Spinat waschen und gut abtropfen lassen oder in einer Salatschleuder kurz schleudern.
- Wenn der Spinat große Blätter hat: Die Blätter grob schneiden und die Stiele fein hacken. Babyspinat muss nicht geschnitten werden. Ghee im Topf erhitzen.
- Spinat bei mittlerer Hitze ca. 5 Minuten dünsten und abkühlen lassen.
- Schwarzkümmel, Korianderkörner, Kuminsamen und ganze Pfefferkörner in einer Pfanne ca. 20–30 Sekunden trocken anrösten. dabei 1–2-mal durchschwenken.
- Abkühlen lassen und im Mörser fein zerstoßen.
- Joghurt in eine Schüssel füllen, Spinat, Gewürze inkl. Kurkumapulver untermischen.
- Mit Steinsalz und evtl. etwas Ahornsirup abschmecken.

VEGANE VARIANTE:

Olivenöl statt Ghee und Sojajoghurt verwenden.

WARENKUNDE:

Raita ist eine tierische Eiweißbeilage auf Joghurtbasis, die eine kühlende Wirkung hat und daher häufig zu scharfen Gerichten gegessen wird, um diese etwas abzumildern.
Raita-Rezepte gibt es in vielen Varianten.

Kartoffelpüree

MIT GESCHMORTEN ZWIEBELN

ZUTATEN FÜR 4 PERSONEN:

PÜREE:

1 kg	Kartoffeln, geschält
20-30 g	Butter (Ghee kannst du auch verwenden)
200 ml	Sahne (oder 100 ml Sahne + 100 ml Wasser)
1-2 TL	Steinsalz
½ TL	Muskatnuss, frisch gerieben

ZWIEBELN:

4-5	mittelgroße rote Zwiebeln, geschnitten
1 EL	Ghee
½ TL	Kuminsamen (Kreuzkümmel)
½ TL	Ajwainsamen (Königskümmel)
½ TL	Kümmelsamen, ganz
	Muskat, frisch gerieben

ZUBEREITUNG:

Kartoffelpüree:

- Kartoffeln in große Stücke schneiden. In einen Kochtopf geben und knapp mit Salzwasser bedeckt gar kochen.
- Kochflüssigkeit bis auf einen kleinen Minirest abgießen. Die heißen Kartoffeln mit einem Kartoffelstampfer zu Püree stampfen.
- Butter und die Sahne zugeben und mit einem Schneebesen kräftig durchschlagen, bitte KEINEN Pürierstab benutzen! Das Püree wird dann schleimig.
- Mit Muskatnuss abschmecken und evtl. nachsalzen.

Geschmorte Zwiebeln:

- Ghee in einer Pfanne erhitzen, Gewürze 2-3 Sekunden darin anschwitzen.
- Hitze reduzieren, Zwiebeln zugeben und 15 Minuten goldbraun schmoren, durch die Gewürze und das sanfte längere Schmoren werden sie bekömmlicher.

VEGANE VARIANTE: 

Olivenöl statt Butter oder Ghee und Sojasahne, Hafersahne z. B. statt Sahne verwenden.

KÜCHEN-ABC:

Für Kartoffelpüree eignen sich besonders gut mehlig kochende Sorten. Du kannst aber auch alle festkochenden Sorten verwenden.

Paneer-Frischkäse

ZUTATEN FÜR 4 PERSONEN:

4 Liter	Vollmilch
12 EL	Zitronensaft, frisch gepresst
Evtl.	Schabzigerklee, Kräutersalz oder frische, gehackte Kräuter zugeben
½ TL	Kurkumapulver nach Wahl (färbt den Paneer schön goldgelb)

ZUBEREITUNG:

- Vollmilch in einem Topf zum Kochen bringen. Topf vom Herd nehmen.
- Zitronen auspressen. Den Zitronensaft langsam mit einem Holzlöffel in die Milch einrühren. Die Milch gerinnt nun, Molke und feste Bestandteile der Milch trennen sich langsam, evtl. mehr Zitronensaft verwenden.
- Die Milch noch mal kurz aufkochen lassen und den Topf vom Herd ziehen. Der Käse setzt sich oben ab. Das Ganze durch ein mit einer Mullwindel ausgelegtes Sieb in ein Gefäß abgießen, sodass sich der Käse im Tuch sammelt und die Molke im Gefäß aufgefangen wird. Die Molke separat aufbewahren.
- Jetzt die Mullwindel mit dem Käse über dem Holzlöffelstiel zusammenknoten und eindrehen, sodass die überschüssige Flüssigkeit herausgepresst wird.
- Den Käse 1-2 Stunden abtropfen lassen, danach ist der Paneer fest und du kannst ihn aus der Mullwindel holen und weiter verarbeiten.

Ofenkartoffeln

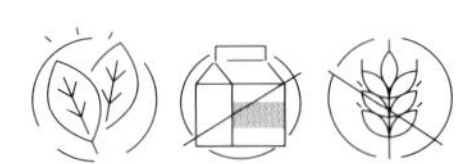

ZUTATEN FÜR 4 PERSONEN:

4-5 EL	Olivenöl
20	Kartoffeln, festkochend, mittelgroß
1 TL	Kuminsamen, frisch gemörsert
½ TL	Kurkumapulver
2 EL	Sesamsamen
1 Zweig	Rosmarinnadeln, fein gehackt
1 TL	Paprikapulver, edelsüß
1 gh. TL	Steinsalz
1 TL	schwarzer Pfeffer, frisch gemörsert

ZUBEREITUNG:

- Kartoffeln gut waschen und in Wedges schneiden. Man braucht pro Person ca. 5-6 mittelgroße Kartoffeln. Alle Zutaten mischen und auf ein Backblech geben. Bei 175 °C Umluft im Backofen ca. 30 Minuten garen (Bild Seite 109).

KÜCHEN-ABC:

Paneer ist ein aus Kuhmilch hergestellter Frischkäse mit krümeliger bis schnittfester Konsistenz.
Molke ist ein leckeres und gesundes Getränk, welches du mit Fruchtsäften vermischen kannst. Die Molke eignet sich aber auch gut als Suppengrundlage, als Kochwasser für Reis oder als Wasserersatz beim Brot- und Brötchenbacken.

Orientalisches Couscous 

MIT SCHWARZEM SESAM

ZUTATEN FÜR 4 PERSONEN:

200 g	Couscous
400 g	Wasser
1 TL	Steinsalz
1	Zimtstange
1 TL	Ghee
1-2 EL	Mandeln, gehackt
1 EL	Rosinen
1 EL	Granatapfelkerne

ZUBEREITUNG:

- Couscous in einem Topf trocken anrösten, bis er duftet.
- Unter Rühren kochendes Wasser dazugeben.
- Salz, Zimtstange und Rosinen dazugeben.
- Topf vom Herd nehmen und mit Deckel ca. 5-10 Minuten ausquellen lassen.
- Ghee und Mandeln unterrühren.
- In eine Servierschüssel füllen und mit den Granatapfelkernen dekorieren.

GLUTENFREIE VARIANTE: 

Couscous aus Hirse verwenden.

VEGANE VARIANTE: 

Olivenöl statt Ghee verwenden.

WARENKUNDE:

Couscous ist zerriebener Grieß aus Hartweizen, Gerste oder Hirse.
Klassisch wird der Grieß zum Garen nicht gekocht, sondern über kochendem Wasser oder einem kochenden Gericht gedämpft.

„Gerste plain"

ZUTATEN FÜR 4 PERSONEN:

300 g Nacktgerste, gewaschen
3–4-fache Menge Wasser
1 TL Steinsalz
1 TL Ghee

ZUBEREITUNG:

- Nacktgerste unter dem fließenden Wasser gut waschen. In einem Topf das Wasser zum Kochen bringen.
- Nacktgerste mit einem Holzlöffel einrühren. Auf mittlerer bis kleiner Hitze ca. 45 Minuten sanft köcheln lassen.
- Wasser abgießen. Gerste in eine Servierschale umfüllen.

Quinoa-Schnitten

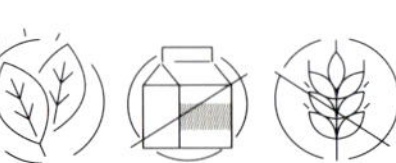

ZUTATEN FÜR 4 PERSONEN:

300 g Quinoa
750 ml Wasser
1 TL Steinsalz

PESTO:

500 g frischer Spinat
100 g Pinienkerne
100 ml Olivenöl
1 Knoblauchzehe
Steinsalz & schwarzer Pfeffer

ZUBEREITUNG:

- Quinoa abbrausen und abtropfen lassen. Spinat waschen und gut abtropfen lassen oder in einer Salatschleuder schleudern.
- Pinienkerne in einer Pfanne trocken anrösten, bis diese leicht Farbe bekommen. Quinoa in sehr leicht gesalzenem Wasser 25–30 Minuten gar köcheln. Ab und zu umrühren. Den heißen Quinoabrei sofort auf ein flaches, eingefettetes Backblech fingerdick aufstreichen und abkühlen lassen.
- Für das Spinatpesto alle restlichen Zutaten in einem Mixer fein pürieren. Eventuell noch etwas Öl hinzugeben. Das Pesto sollte eine sämige Konsistenz haben. Das Pesto mit Pfeffer und Salz abschmecken. Pesto auf das Quinoa streichen und im Ofen 10 Minuten auf 160 °C backen. In Rauten schneiden und servieren.

KÜCHEN-ABC:

Die geschälte Gerste kann, ohne einzuweichen, gekocht werden. Vor dem Kochen sollten die Körner jedoch unter fließendem Wasser gut gespült werden.

PRAXISTIPP:

Gekochte Gerste kannst du wie Reis beliebig z. B. mit Kräutern, Nüssen, Gemüseraspeln, geschmorten Zwiebeln oder Knoblauch verfeinern. Die Gerste hat einen kräftigen nussigen Geschmack.

Wurzelbratlinge

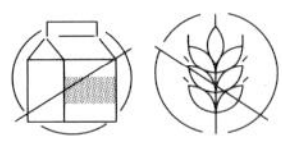

SCHMACKHAFT UND AROMATISCH

ZUTATEN FÜR 4 PERSONEN:

3	Karotten, geraspelt
1	Lauchstange, fein geschnitten
1	Zwiebel, fein gehackt
2	rote Bete, geraspelt
1	Zucchini, geraspelt
¼	Knollensellerie, geraspelt
¼ TL	Kurkumapulver
2 EL	frische Petersilie oder Koriander, grob gehackt
1–1½ TL	Steinsalz
1 TL	Garam Masala
½ TL	Pfeffer, schwarz, frisch gemörsert
1–2 EL	Kichererbsenmehl
5–6 EL	Ghee zum Ausbacken (evtl. auch etwas mehr)

ZUBEREITUNG:

- Das geraspelte Gemüse in einer Schüssel mit den Gewürzen gut mischen.
- Sollte die Masse zu feucht sein, dann gib etwas Kichererbsenmehl dazu, damit die Bratlinge beim Braten nicht auseinanderfallen.
- Ghee in einer Pfanne erhitzen.
- Mit der Hand gleich große Bratlinge formen.
- Bratlinge in die Pfanne legen und mit einem Pfannenwender oder einer Gabel leicht andrücken, um die gewünschte Form zu erhalten und bei nicht zu starker Hitze fertig braten.

VEGANE VARIANTE:

Sonnenblumen- oder Sesamöl statt Ghee verwenden.

PRAXISTIPP:

Je gröber das geraspelte Gemüse, umso länger müssen sie gebraten werden.
Um gleich große Bratlinge zu bekommen, kannst du einen Eisportionierer benutzen.

Polentaschnitten

DREIFARBIG GESCHICHTET

ZUTATEN FÜR 4 PERSONEN:

POLENTA GELB:

100 g	Polenta (Maisgrieß)
25 g	Butter
300 ml	Wasser oder Gemüsebrühe
½ TL	Steinsalz
1 Prise	Cayennepfeffer

POLENTA ROT:

100 g	Polenta (Maisgrieß)
25 g	Butter
300 ml	150 ml Wasser und 150 ml roter Gemüsesaft
½ TL	Steinsalz
1 Prise	Cayennepfeffer

POLENTA GRÜN:

100 g	Polenta (Maisgrieß)
25 g	Butter
300 ml	150 ml Wasser und 150 ml grüner Gemüsesaft (z. B. von Grünkohl, Spinat oder fertigem grünem Smoothie aus der Flasche), gemischt
½ TL	Steinsalz
1 Prise	Cayennepfeffer

ZUBEREITUNG:

- Butter in einem Topf schmelzen. Polenta zugeben und kurz anschwitzen.
- Flüssigkeit langsam unter ständigem Rühren mit einem Schneebesen unterrühren. Ca. 10 Minuten ganz leicht köcheln lassen, bis die Polenta ein dicker Brei ist.
- Polenta auf ein gefettetes Blech oder Auflaufform fingerdick aufstreichen.
- Farbige Polenta genauso herstellen. Rote Polenta auf die helle Polenta streichen, danach die grüne auf die rote (3 Schichten) und alles leicht abkühlen lassen.
- Vor dem Servieren noch mal bei 180 °C ca. 10 Minuten in den vorgeheizten Ofen geben.

REZEPTVARIANTE:

Die Polenta z. B. mit Ziegenkäse, Parmesankäse oder Paneerwürfel bestreuen und im Ofen überbacken. Polenta hat einen leicht süßen Eigengeschmack und passt zu vielen leckeren Gerichten als sättigende Beilage. Da Polenta kein Klebereiweiß enthält, ist sie glutenfrei und deshalb sehr empfehlenswert für Menschen mit Glutenunverträglichkeit.

Beluga Dal

DER KAVIAR UNTER DEN LINSEN

ZUTATEN FÜR 4 PERSONEN:

120 g	Belugalinsen, über Nacht in Wasser eingeweicht
2 EL	Ghee
½ TL	Kuminsamen, gemörsert
½ TL	Koriandersamen, gemörsert
½ TL	Ajwain (Königskümmel), gemörsert
½ TL	Fenchelsamen, gemörsert
1	Lorbeerblatt
1 ½ TL	Majoran, frisch oder getrocknet
1 cm	Ingwer, frisch, klein gewürfelt
1	kleine Zwiebel, fein gewürfelt
3–4 EL	klein geschnittenes Gemüse (z. B. Sellerie, Möhre, Pastinake, Zucchini ...)
½ TL	Kurkumapulver
1 Msp.	Asafoetida (im Asia-Laden erhältlich)
5-fach	Wasser oder Ingwerwasser zu der Linsenmenge
	Steinsalz
	schwarzer Pfeffer, frisch gemahlen
ca. 1 TL	Zitronensaft
	glatte Petersilie oder Koriander, gehackt

ZUBEREITUNG:

- Die eingeweichten Linsen abgießen und noch mal kurz mit frischem Wasser abbrausen. Ghee in einem Topf erhitzen, gemörserte Gewürze, Lorbeer und Majoran 2–3 Sekunden anschwitzen.
- Ingwer, Zwiebel und Gemüse zufügen und weiter andünsten. Linsen einstreuen und unter Rühren anschwitzen. Kurkuma und Asafoetida dazugeben.
- Mit Wasser auffüllen, aufkochen und mit geschlossenem Deckel ca. 1 Stunde köcheln lassen.
- Mit Steinsalz, Pfeffer und Zitronensaft abschmecken. Mit Petersilie oder Koriander bestreut servieren.

VEGANE VARIANTE:

Olivenöl oder Kokosöl statt Ghee verwenden.

Kitchari

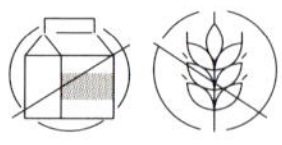

ZUTATEN:

3–4 EL	Ghee
1	Zimtstange
5	Kardamomkapseln, leicht gemörsert
4	Gewürznelken, gemörsert
5	Pfefferkörner, schwarz, gemörsert
1 TL	Korianderkörner, gemörsert
1 TL	Kuminsamen, gemörsert
3–4	Lorbeerblätter
2 cm	Ingwer, frisch, geschält und klein gewürfelt
1	mittelgroße Möhre, geputzt, klein gewürfelt
180 g	gelber Mung Dal, gut abgespült
220 g	Basmatireis, gut abgespült
½ TL	Kurkumapulver
2,5–3 l	Wasser
1 TL	Steinsalz
2 EL	Korianderblätter, frisch gehackt

ZUBEREITUNG:

- Ghee in einem Topf erhitzen, Zimtstange, Lorbeer und die gemörserten Gewürze 2–3 Sekunden darin anschwitzen.
- Ingwer und Möhre zugeben, kurz weiter anschwitzen, bis es duftet. Mung Dal und Reis einstreuen, Kurkuma drüber stäuben, 1 x umrühren.
- Mit Wasser auffüllen, 5 Minuten kochen lassen. Hitze reduzieren, weitere 30 Minuten zugedeckt köcheln lassen.
- Wenn das Kitchari weich ist, mit Salz abschmecken. Mit gehackten Korianderblättern bestreut servieren.

VEGANE VARIANTE:

Kokosöl statt Ghee verwenden.

KITCHARI:

- ist leicht verdaulich und stärkt die Verdauung.
- ist eine ausgezeichnete Proteinkombination (gesundes Eiweiß).
- nährt alle Körpergewebe und ist einfach zuzubereiten.
- hat heilende Eigenschaften durch die verwendeten Lebensmittel & Gewürze.
- eignet sich ausgezeichnet zur Entgiftung & Verjüngung der Zellen.
- eignet sich für alle Doshas–Tridosha–Gerichte.
- ist glutenfrei und kann vegan zubereitet werden.

KÜCHEN-ABC:

Kitchari ist ein Gericht, bestehend aus Basmatireis, Mung Dal, guten Fetten und verschiedenen Gewürzen, und gehört zu den Grundlagen der ayurvedischen Lebensweise. Es unterstützt den Körper bei der Selbstreinigung und hilft Toxine auszuleiten.

Chana Dal

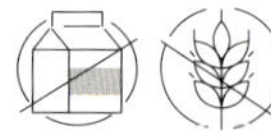

AUF TOMATENBASIS

ZUTATEN FÜR 4 PERSONEN:

120 g	Chana Dal (30 g pro Person)
3 EL	Ghee
1 TL	Kuminsamen, gemörsert
1 TL	Koriandersamen, gemörsert
1 TL	Ajwain (Königskümmel), gemörsert
1 TL	Fenchelsamen, gemörsert
1 TL	Methi (Bockshornkleesamen), gemörsert
1	Lorbeerblatt
1	Knoblauchzehe, fein gehackt
1	kleine Zwiebel, fein gewürfelt
½	Chilischote, frisch, fein gewürfelt
1 cm	Ingwer, frisch, fein gewürfelt
7-8	Curryblätter
1 EL	Tomatenmark
1 TL	Kurkumapulver
5-6-fache	Wasser- oder Ingwerwassermenge zu der Linsenmenge
¼	Knollensellerie, klein gewürfelt
1-2	Möhren, klein gewürfelt
	Steinsalz & schwarzer Pfeffer, frisch gemahlen
1 TL	Zitronensaft
	glatte Petersilie oder Koriander, frisch gehackt

ZUBEREITUNG:

- Chana Dal im Topf trocken anrösten.
- Ghee im Topf erhitzen. Gemörserte Gewürze und Lorbeerblatt 2-3 Sekunden anschwitzen. Knoblauch, Zwiebeln, Chili und Ingwer zugeben und weiter braten.
- Curryblätter, Chana Dal und Tomatenmark dazugeben, ca. 2-3 Minuten weiter dünsten. Kurkumapulver einstreuen und umrühren.
- Mit Wasser auffüllen und mit Deckel 1,5 Stunden sanft köcheln lassen.
- Sellerie und Möhren zugeben und eine weitere halbe Stunde sanft köcheln lassen.
- Mit Steinsalz und Zitronensaft abschmecken. Mit Petersilie oder Koriander bestreut servieren.

VEGANE VARIANTE:

Olivenöl oder Kokosöl statt Ghee verwenden.

WARENKUNDE:

Dal ist ein Gericht, das vorwiegend aus Hülsenfrüchten, besonders Kichererbsen, Linsen, Bohnen oder Erbsen, zubereitet wird. Chana Dal sind halbierte Kichererbsen.

Gelbes Mung Dal

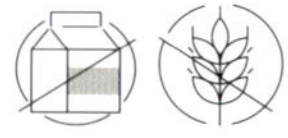

DIE AYURVEDISCHEN DETOX-BOHNEN

ZUTATEN FÜR 4 PERSONEN:

120 g	gelbes Mung Dal (ca. 30 g pro Person)
2 EL	Ghee
½ TL	Kuminsamen, gemörsert
½ TL	Koriandersamen, gemörsert
½ TL	Ajwain (Königskümmel), gemörsert
1 TL	Fenchelsamen, gemörsert
1	Lorbeerblatt
1 cm	Ingwer, frisch, klein gewürfelt
1	Zwiebel, fein gewürfelt
3–4 EL	klein geschnittenes Gemüse (z. B. Sellerie, Möhre, Lauch, Zucchini, Pastinake)
1 TL	Kurkumapulver
1 Msp.	Asafoetida (im Asia-Laden erhältlich)
5:1	Wasser bzw. Ingwerwasser im Verhältnis Wasser zu Linsen
1–1½ TL	Steinsalz
½ TL	Pfeffer, schwarz, frisch gemörsert
1 TL	Zitronensaft
3 EL	glatte Petersilie oder Koriander, frisch gehackt

ZUBEREITUNG:

- Das Dal (halbe geschälte Mungbohnen) abspülen und gut abtropfen lassen. Ghee im Topf erhitzen, gemörserte Gewürze und Lorbeer 2–3 Sekunden anschwitzen.

- Ingwer, Zwiebel und Gemüse zufügen, kurz weiterdünsten. Die Mungbohnen einstreuen, nochmals kurz anschwitzen, Kurkuma und Asafoetida zugeben.

- Wasser auffüllen und aufkochen, zugedeckt sanft ca. 1 Stunde köcheln lassen.

- Mit Steinsalz, Pfeffer und Zitronensaft abschmecken und mit Petersilie oder Koriander bestreut servieren.

VEGANE VARIANTE:

Olivenöl oder Kokosöl statt Ghee verwenden.

WARENKUNDE:

Die grüne Mungbohne (Mung Dal) – geschält ist sie gelb – gilt im Ayurveda als die Königin der Hülsenfrüchte. Sie ist gut verdaulich und liefert bei wenigen Kalorien viel hochwertiges Eiweiß.

Apfel-Chutney

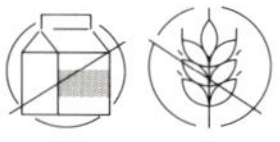

MIT ARONIABEEREN

ZUTATEN FÜR 4 PERSONEN:

1 EL	Ghee
½ TL	Senfsamen
½ cm	frischer Ingwer, klein gehackt
½	Chilischote, frisch, mit Samen, klein gehackt
½ TL	Koriandersamen, gemörsert
4–5	Pfefferkörner, schwarz (oder 2 Stangen Pippali), gemörsert
½ TL	Anis, gemörsert
3	Bioäpfel (milde Sorte) gewaschen, entkernt und gewürfelt (Äpfel können mit und ohne Schale verwendet werden.)
½ TL	Kurkuma, gemahlen
ca. 200 ml	trüber Apfelsaft
½ TL	Steinsalz
1–2 EL	Agavendicksaft oder Ahornsirup
1–2 TL	Apfelessig oder Zitronensaft
1 EL	Aroniabeeren
1 EL	Koriander, frisch, gehackt

ZUBEREITUNG:

- Ghee in einem Topf erhitzen, Senfsaat einstreuen, Deckel auflegen. Ein paar Sekunden abwarten, bis die Samen nicht mehr springen.
- Die gemörserten Gewürze dazugeben und 2–3 Sekunden anschwitzen.
- Ingwer und Chili hinzufügen und umrühren. Äpfel, Aroniabeeren zugeben – kurz anschwitzen. Mit Kurkuma bestäuben und mit Apfelsaft ablöschen.
- Auf mittlerer Hitze 10–15 Minuten offen einkochen lassen, bis das Chutney eine sämige Konsistenz hat.
- Mit Salz, Agavendicksaft und Apfelessig abschmecken, abkühlen lassen.
- Frisch gehackten Koriander in das abgekühlte Chutney rühren.

VEGANE VARIANTE:

Sesamöl statt Ghee verwenden.

Paprika-Tomaten-Chutney

SCHARFER GENUSS

ZUTATEN FÜR 4 PERSONEN:

1 EL	Sesamöl
½ TL	Senfsaat, braun
½ TL	Korianderkörner, gemörsert
5	Pfefferkörner, schwarz, gemörsert
2	Nelken, gemörsert
½ TL	Fenchelsamen, gemörsert
1	kleine rote Chilischote, fein gehackt
½ cm	Ingwer, frisch, fein gewürfelt
2	Paprika, rot, klein gewürfelt
2 EL	getrocknete Tomaten, grob gehackt
½ TL	Kurkuma, gemahlen
200 ml	Apfelsaft
1 EL	Agavendicksaft
1 TL	Apfelessig oder Zitronensaft
ca. ½ TL	Steinsalz zum Abschmecken

ZUBEREITUNG:

- Sesamöl in einem Topf erhitzen, Senfsaat einstreuen, Deckel auflegen.
- Ein paar Sekunden abwarten, bis die Samen nicht mehr springen.
- Gemörserte Gewürze zufügen und 2-3 Sekunden anschwitzen.
- Chili und Ingwer dazugeben, Paprika und Tomaten einrühren und weiter dünsten. Mit Kurkuma bestäuben, mit Apfelsaft ablöschen.
- Auf mittlerer Hitze 10-15 Minuten etwas einkochen lassen.
- Agavendicksaft und Essig einrühren und mit Salz abschmecken.

KÜCHEN-ABC:

Chutney auf Hindi (chaṭni) ist eine aus zerkleinertem Obst und/oder Gemüse liebevoll gewürzte süß-saure-scharf-pikante Soße, die gekocht wird oder ungekocht gemixt wird. Die Konsistenz kann je nach Belieben von flüssig bis sehr dickflüssig sein.
Ein Chutney sollte bei jeder Mittagsmahlzeit mit auf dem Tisch stehen, weil es immer alle sechs Geschmacksrichtungen enthält.

Pflaumen-Chutney

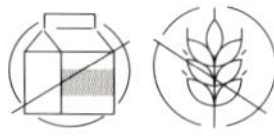

AROMATISCH, SÜß

ZUTATEN FÜR 4 PERSONEN:

1 EL	Ghee
½ TL	braune Senfsamen
1	Chilischote, fein gehackt
ca. 2 cm	frischer Ingwer, fein gehackt
ca. 350 g	Pflaumen, entkernt, in klein geschnitten
½ TL	Zimt, gemahlen
1 TL	Garam Masala
1 Prise	Kardamom, gemahlen
½ TL	Kurkumapulver
ca. ¼ l	roter Traubensaft oder Pflaumensaft
1 EL	Apfelessig
evtl.	etwas Reismehl zum Andicken
1 Prise	Steinsalz
1 EL	Ahornsirup
ca. ½ Bund	Koriandergrün, frisch

ZUBEREITUNG:

- Ghee in einem Topf erhitzen, Senfsaat einstreuen, Deckel auflegen.
- Ein paar Sekunden abwarten, bis die Samen nicht mehr springen.
- Chili und Ingwer kurz anschwitzen.
- Pflaumen, Zimt, Garam Masala sowie Kardamom hinzufügen, kurz erhitzen.
- Mit Kurkuma bestäuben und mit dem Saft ablöschen (Die Früchte sollen bedeckt sein). Auf mittlerer Hitze 10–15 Minuten etwas einkochen lassen.
- Wenn das Chutney eine sehr flüssige Konsistenz hat, ½–1 TL Reismehl zum Andicken unterrühren und noch einmal aufkochen und den Topf vom Herd ziehen.
- Ahornsirup und Essig einrühren und mit Salz abschmecken.
- Das Chutney abkühlen lassen. Zum Schluss das Koriandergrün unterheben.

Tamarinden-Chutney

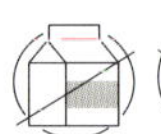
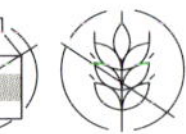

SCHNELL ZUBEREITET OHNE KOCHEN

ZUTATEN FÜR 4 PERSONEN:

165 g	Datteln, getrocknet, grob gehackt
75 g	Feigen, getrocknet, grob gehackt
150 g	Tamarindenpaste
1 cm	Ingwer, frisch, geschält, grob gehackt
1 kl.	Chilischote, ganz, entstielt
½ TL	Kurkuma, gemahlen
1 TL	Honig
¾ TL	Steinsalz
1 TL	Koriander, gemörsert
120 ml	Apfel- oder Traubensaft

ZUBEREITUNG:

- Alle Zutaten im Mixer zu einer halbfesten Paste pürieren.
- Die Masse im Mixer 10-15 Minuten ruhen lassen.
- Die Konsistenz kann durch Zugabe von mehr oder weniger Saft nach Wunsch variiert werden. Noch einmal kurz pürieren.
- Chutney in Schalen oder Gläser füllen.

VEGANE VARIANTE:

Agavendicksaft statt Honig verwenden.

KÜCHEN-ABC:

Tamarinden (auch indische Datteln oder Sauerdatteln genannt) sind die Hülsen des Tamarindenbaums. Produkte aus Tamarinde sind Pasten, Mark oder Extrakt und sind das ganze Jahr verfügbar.
Frische Tamarinde bekommst du im Asialaden und manchmal auf Wochenmärkten. Tamarinde schmeckt mild süß-säuerlich, angenehm fruchtig und leicht herb und wird als milder Essigersatz in der Küche eingesetzt.

Hummus

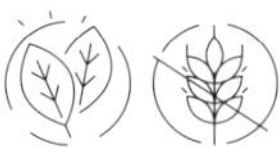

DER KLASSIKER

ZUTATEN FÜR 4 PERSONEN:

1 Dose	Kichererbsen
3 EL	Tahin
2-3	Knoblauchzehen
4 EL	gutes Olivenöl in Bioqualität
1	Zitrone, ausgepresster Saft
½-1 TL	Steinsalz
8-10	schwarze Pfefferkörner, frisch gemörsert
½ TL	Kumin, gemahlen
½ Bund	frische glatte Petersilie, gehackt

TOPPING:

2 EL	gutes Olivenöl in Bioqualität
1-2 TL	Paprikapulver, rosenscharf

ZUBEREITUNG:

- Die Dose öffnen, das Kichererbsenwasser abgießen und auffangen. Alle Zutaten in einem Mixer pürieren.
- Falls das Hummus zu fest wird, ein paar Tropfen Kichererbsenwasser unterrühren und noch mal kurz durchmixen.
- Hummus in eine kleine Schüssel mit hohem Rand umfüllen. Öl darüber verteilen.
- Das Paprikapulver auf das Hummus streuen und mit der Petersilie dekorieren.

KICHERERBSEN SELBST KOCHEN:

- Die Kichererbsen (200 g) über Nacht in einer Schüssel gut mit Wasser bedeckt einweichen. In ein Sieb abgießen. Das Einweichwasser wegschütten! Die Kichererbsen noch mal unter fließendem Wasser abbrausen. In einem Topf mit reichlich Wasser die Kichererbsen 2 Stunden mit Deckel köcheln lassen.
- Wasser abschütten und aufbewahren. Das Kochwasser kann in Suppen- oder Gemüsegerichten verwendet werden.

Gregor's Knäckebrot

MIT VERSCHIEDENEN AUFSTRICHEN ZU GENIEßEN

ZUTATEN FÜR 1 BACKBLECH:

100 g	Roggen oder Dinkel
100 g	Haferflocken
50 g	Leinsamen
50 g	Sesam
50 g	Sonnenblumenkerne
50 g	Kürbiskerne
½ TL	Steinsalz
ca. 150 ml	Wasser
50 ml	Öl (Olivenöl, Sesamöl oder Sonnenblumenöl)

ZUBEREITUNG:

- Alle Zutaten in eine Schüssel geben und mit der Hand oder mit einem Kochlöffel mischen.
- Bei Zimmertemperatur 30 Minuten ruhen lassen. Backofen auf 180 °C vorheizen.
- Die Masse auf zwei mit Backpapier ausgelegte Backbleche 2-3 mm dick aufstreichen.
- Mit einem Messer oder Pizzaschneider Rechtecke vorschneiden. 45 Minuten backen.
- Die abgekühlten Knäckebrotscheiben in Vorratsbehälter stapeln.

HALTBARKEIT:

In einem gut verschlossenen Vorratsbehälter ist das Knäckebrot kühl & trocken gelagert 2-3 Monate haltbar.

Mascarpone

MIT BLAUMOHN

ZUTATEN FÜR 4 PERSONEN:

250 ml	Sahne
250 ml	Mascarpone
1½ EL	Blaumohn, gemahlen
1–2 EL	Ahornsirup oder Rohrohrzucker
1 TL	Ingwerpulver
½ TL	Kardamom, gemahlen
½	Vanilleschote, Mark ausgekratzt oder ¼ TL Vanillepulver
1 EL	geschälte gemahlene Mandeln
1 EL	Rosenwasser
1 TL	Mohnsamen für die Dekoration

ZUBEREITUNG:

- 50 ml von der Sahne mit dem Blaumohn und den Mandeln mischen.
- In einen Topf geben und einmal aufkochen und abkühlen lassen.
- Die restliche Sahne (200 ml) mit dem Mascarpone zusammen aufschlagen.
- Die abgekühlte Mandel-Mohn-Sahne mit einem Schneebesen unter die geschlagene Creme heben.
- Gewürze und Rosenwasser vorsichtig einrühren.
- In Dessertschalen füllen und mit den Mohnsamen bestreuen.
- Optional den Mascarpone mit essbaren Rosenblättern dekorieren.

TIPP:

Dazu schmecken frische leckere Beeren wie z. B. Erdbeeren, Brombeeren oder Blaubeeren.

Karotten-Halva-Paneer-Rolle

SCHLEMMEN MIT AYURVEDA

ZUTATEN FÜR 4 PERSONEN:

ROULADE:

6 EL	Dinkelvollkornmehl
1 EL	Rohrohrzucker
1 TL	Zimtpulver (Ceylon-Zimt)
3 TL	Süßrahmbutter, zimmerwarm
200 ml	Milch, zimmerwarm
½ EL	Ghee-Karotten-Halva
300 g	Karotten, abgebürstet, fein geraspelt
200 ml	Milch
2 EL	Rohrohrzucker
½ TL	Kardamom, gemahlen
2 TL	Mandeln, gemahlen
1½ TL	Ghee
2 EL	Dinkelgrieß

PANEER:

2 l	Milch (3,5–3,8 % Vollfettmilch)
6 EL	Zitronensaft, frisch gepresst
2 TL	Rohrohrzucker
2 TL	Pistazienkerne, fein gehackt
1–2 EL	Granatapfelkerne zur Dekoration

ZUBEREITUNG:

Roulade:

- Mehl, Zucker, Zimt und Butter mischen. Milch unter Rühren (Schneebesen) langsam zugießen. Teig ein paar Minuten ruhen lassen.
- Ghee in einer Pfanne erhitzen und vier dünne Pfannkuchen backen.

Karotten-Halva:

- Ghee in einem Topf erhitzen und Karotten und Zucker zugeben und 1 Minute anschwitzen.
- Mandeln und Grieß untermischen, mit Milch ablöschen, aufkochen.
- Kardamom zufügen, zum Abkühlen beiseitestellen.

Paneer:

- Milch aufkochen, Topf vom Herd nehmen. Zitronensaft langsam zugießen.
- Topf wieder auf den Herd stellen und nach kurzem Aufkochen beiseitestellen, die Masse 2–3 Minuten ruhen lassen.
- Die Masse durch ein Tuch gießen, abtropfen lassen und im Tuch leicht auspressen.
- Paneer mit Zucker und Pistazien im Mixer vermischen.
- Pfannkuchen auf einer glatten Unterlage ausbreiten und bis auf einen schmalen Rand mit Karotten-Halva bestreichen, das Pistazien-Paneer gleichmäßig darauf verteilen.
- Zu einer Roulade aufrollen und ca. 1 Stunde kühl stellen.
- Zum Servieren in 2 cm dicke Scheiben schneiden und je drei Scheiben pro Person anrichten, mit Granatapfelkernen bestreut servieren.

DAZU PASST:

Frische Mango und Holundersoße, Rezepte Seite 144

Safrangrieß

MIT KARAMELLISIERTER BIRNE AUF HOLUNDERSOẞE

ZUTATEN FÜR 4 PERSONEN:

75 g	Dinkelgrieß
¼ l	Wasser
¼ l	Sahne
1 EL	Ghee
3	Safranfäden
50 g	Rohrohrzucker
¼ TL	Kardamom, gemahlen
1–2	Birnen, entkernt, in Spalten geschnitten
0,2 l	Orangensaft
1 EL	Rohrohrzucker

HOLUNDERSOẞE:

	Restflüssigkeit der karamellisierten Birnen oder 1 TL Honig oder Ahornsirup
0,2 l	Holundersaft
¼ TL	Zitronenschale
½–1 TL	Reismehl zum Andicken
½ TL	Ingwerpulver

ZUBEREITUNG:

Grieß:

- Sahne und Wasser mischen, im Topf mit wenig Zucker, Safran und Ghee erhitzen.
- Grieß unter Rühren einrieseln und ca. 1 Minute leicht weiterköcheln lassen.
- Kardamom zugeben, Masse in ausgespülte Förmchen gießen und abkühlen lassen.

Birnen:

- Zucker in eine Pfanne geben und leicht karamellisieren lassen.
- Pfanne vom Herd nehmen und ganz langsam mit Orangensaft ablöschen.
- Pfanne wieder auf den Herd stellen, das Karamell unter Rühren auflösen.
- Birnen zufügen und öfter darin wenden, bis sie gar sind. Dann herausnehmen, restliche Flüssigkeit in der Pfanne lassen.

Holundersoße:

- Holundersaft in die verbliebene Einkochflüssigkeit einrühren. Zitronenschale und Ingwerpulver zugeben, aufkochen, ggf. mit etwas Reismehl andicken.

LAKTOSEFREIE VARIANTE:

½ l Reismilch statt Sahne und Wasser

Schokotraum

MIT SAHNEHAUBE

ZUTATEN FÜR 4 PERSONEN:

½ l	Milch (alternativ: 250 ml Wasser + 250 ml Sahne)
50 g	Butter
100 g	Zartbitterkuvertüre
50 g	Rohrohrzucker
1–2 EL	Kakaopulver
¼ TL	Zimt
½ TL	Kardamom, gemahlen
¼ TL	Kurkumapulver
½ TL	Ingwerpulver
2 EL	Ahornsirup
3–4 EL	Vanillepuddingpulver (alternativ: Speisestärke oder Reismehl)
250 ml	Sahne, geschlagen für die Sahnehaube

ZUBEREITUNG:

- 400 ml Milch mit Butter, Kuvertüre, Zucker und Kakaopulver aufkochen.
- Stärke in der restlichen kalten Milch auflösen und in die heiße Milch einrühren, noch einmal kurz aufkochen lassen.
- Gewürze und Ahornsirup unter Rühren hinzugeben. In Dessertgläser füllen und abkühlen lassen.
- Mit der geschlagenen Sahne dekorieren.

REZEPTVARIANTE:

2 Prisen Chilipulver oder fein gehackte frische Minzeblätter unter den Pudding rühren für eine besondere Geschmacksnote.

Gemischter Blattsalat

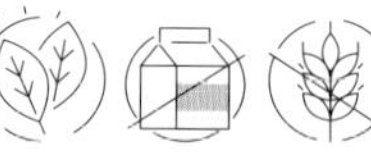

FRISCH UND KNACKIG

ZUTATEN FÜR 4 PERSONEN:

100 g	Feldsalat, geputzt
	Gemüse der Saison
100 g	Postelein (Portulak), geputzt
3-4 EL	Mungobohnensprossen
	oder Kichererbsensprossen
1 EL	Sonnenblumenöl
4-5 EL	Olivenöl
1	Knoblauchzehe, fein gewürfelt
2-3 EL	weißer Balsamico
¼-½ TL	Steinsalz
4-5	schwarze Pfefferkörner, frisch gemörsert

ZUBEREITUNG:

- Das Olivenöl mit dem Knoblauch in einem Topf leicht erhitzen und hellbraun anschmoren, den Knoblauch nicht zu dunkel werden lassen, sonst wird der Knoblauch bitter!
- Topf vom Herd nehmen, Essig zumischen, mit Salz und Pfeffer abschmecken.
- Sonnenblumenöl in einer Pfanne erhitzen.
- Sprossen ca. 1 Minute darin anbraten und warm zur Marinade geben.
- Feldsalat und Postelein auf Tellern anrichten und mit dem warmen Dressing beträufelt servieren.

Paprika-Orangen-Dressing

ZUTATEN FÜR 4 PERSONEN:

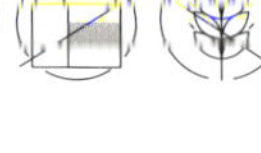

1 rote Paprika waschen, entkernen und grob klein schneiden
2 EL Sonnenblumenöl
1 Zwiebel, geschält und grob gehackt
¼ l Orangensaft
¼ l Olivenöl
4 EL Balsamico
2-3 EL Agavendicksaft
½ Bund Dill
½-1 TL Steinsalz
8-10 schwarze Pfefferkörner, frisch gemörsert

ZUBEREITUNG:

- Sonnenblumenöl in einem Topf erhitzen. Paprika- und Zwiebelstücke leicht anschmoren und auskühlen lassen.
- Die angeschmorten Paprika- und Zwiebelstücke und die restliche Zutaten in ein hohes Rührgefäß geben.
- Alles mit einem Pürierstab gut durchmixen. Mit Salz, Pfeffer und Agavendicksaft abschmecken und in ein Servierkännchen füllen.

Avocado-Apfel-Dressing

ZUTATEN FÜR 4 PERSONEN:

1 Apfel, entkernt und grob zerteilt
1 reife Avocado, geschält und entkernt
400 ml Olivenöl
400 ml Apfelsaft
6-8 EL Zitronensaft frisch gepresst
1-1 ½ TL Steinsalz
8-10 Pfefferkörner, schwarz, frisch gemörsert
2-3 EL Agavendicksaft
½ Bund frische Kräuter der Saison, grob gehackt

ZUBEREITUNG:

- Alle Zutaten in ein hohes Rührgefäß füllen und mit dem Pürierstab mixen oder alle Zutaten in einen Mixer geben, ca. 10 Sekunden gut durchmixen.
- Mit Salz, Pfeffer und Agavendicksaft abschmecken. In ein Servierkännchen umfüllen.

KÜCHEN-ABC:

Sehr lecker zu Blattsalaten, Wildkräutersalat & Rohkost. Die Salatsoße ist im Kühlschrank 3–4 Tage haltbar.

Chai-Tee, klassisch

WOHLTUEND, WÜRZIG

ZUTATEN FÜR 4 PERSONEN:

1 l	Wasser
2	Zimtstangen
8	Gewürznelken, ganz
10-12	Kardamomkapseln, ganz
6-8	Pfefferkörner, schwarz
2 cm	Stück Ingwer, frisch, oder 2 TL Ingwerpulver
50 g	Jaggery-Zucker oder Rohrohrzucker
4 EL	Schwarztee (z. B. Assam)
500 ml	Vollmilch

ZUBEREITUNG:

Chai-Ansatz:

- Zimt, Nelken, Kardamom und Pfeffer zusammen grob mörsern.
- In einem Topf Wasser aufsetzen, gemörserte Gewürze und Ingwer zugeben und 30 Minuten köcheln lassen.

Teebereitung:

- Teeblätter einstreuen, Topf vom Herd ziehen und 3-4 Minuten ziehen lassen.
- Den Teesud durch ein feines Teesieb in einen Topf abgießen.
- Milch zugeben, noch einmal kurz aufwallen lassen. Bei Bedarf noch mal nachsüßen.
- Den fertigen heißen Chai-Tee in eine Warmhaltekanne umfüllen.

TIPP:

Der Chai-Ansatz lässt sich problemlos vorkochen, er hält gut gekühlt ca. 2 Wochen.

LAKTOSEFREIE, VEGANE VARIANTE: 

Vollmilch durch Hafermilch ersetzen.

VARIANTE FÜR DEN ABEND:

Rooibuschtee „Vanille“ anstatt Schwarztee.

Ayurvedischer Kaffee

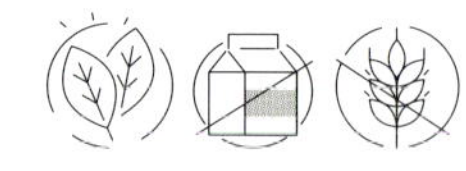

SEHR BEKÖMMLICH DURCH DIE GEWÜRZE

ZUTATEN FÜR 1 LITER KAFFEE:

40–50 g	Kaffeebohnen, frisch mittelfein gemahlen in einer Kaffeemühle
4–5	Gewürznelken, ganz
20	Kardamom-Kapseln, grün, ganz
1	Zimtstange (ca. 5 cm)
4–5	Pimentkörner, ganz
1,5–1 cm	frischer Ingwer, in dünnen Scheiben (oder ½ TL Ingwerpulver)

ZUBEREITUNG:

- Alle Gewürze grob mörsern.
- Ingwer und Gewürze in 1 l Wasser ca. 5 Minuten sprudelnd kochen lassen.
- Gemahlenen Kaffee dazugeben, kurz aufkochen lassen, vom Herd nehmen und ein paar Minuten ziehen lassen.
- Den Kaffeesud durch ein feines Haarsieb oder einen Filter abseihen.

KÜCHEN-ABC:

Kaufe immer ganze Bohnen und mahle sie nach Bedarf frisch in einer kleinen Kaffeemühle. So können sich das volle Aroma und der köstliche Geschmack durch das Mahlen entfalten und der Kaffee schmeckt besonders aromatisch. Mit einem gutem Hochlandkaffee liegst du in Sachen Qualität immer richtig.

PRAXISTIPP:

Falls gemahlener KARDAMOM verwendet wird, diesen erst mit dem Kaffeepulver zugeben, es könnte sonst zu bitter werden.

Safranmilch

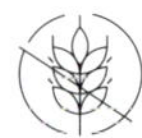

DIE GOLDENE AYURVEDA-MILCH

ZUTATEN FÜR 1 LITER:

1 l	Biovollmilch, nicht homogenisiert
1	Zimtstange
4	Safranfäden, über Nacht in etwas Wasser eingeweicht
½ TL	Ingwerpulver
3–4	grüne Kardamomkapseln, im Mörser aufgebrochen

ZUBEREITUNG:

- Alle Zutaten dreimal sanft unter Rühren aufkochen lassen, das macht die Milch weicher und bekömmlicher.
- Die Milch durch ein feines Trichtersieb oder Haarsieb in eine Kanne abseihen.
- Safranmilch sollte möglichst heiß getrunken werden.

Yogi-Tee

LEICHTIGKEIT IN SCHÄRFE

ZUTATEN FÜR 1 LITER:

1,5 l	Wasser
2	Zimtstangen
2	Gewürznelke, ganz
3	Sternanis
4 cm	Ingwer, frisch, fein gewürfelt
20	Kardamomkapseln
1 EL	schwarzer Pfeffer

ZUBEREITUNG:

- Zutaten in 500 ml kaltem Wasser über Nacht einweichen. Die Mischung am nächsten Tag mit 1 l Wasser auffüllen, aufkochen und 10 Minuten offen köcheln lassen.
- Durch ein feines Haarsieb abseihen und in eine Thermoskanne füllen.

Verbene-Orangen-Trunk

IMMUNBOOSTER

ZUTATEN FÜR 1 LITER:

3 TL	Eisenkraut, getrocknet (Verbene)
0,6 l	Wasser
5-6	Kardamomkapseln, grün, leicht zerdrückt (aufgebrochene Kapseln)
1 Scheibe	frischer Ingwer, fingerdick, geschält, grob gehackt
½ l	Orangensaft
20–25	frische Minzblätter
½ TL	Trikatu
½ TL	Zitronensaft
etwas	Honig, nach Geschmack

ZUBEREITUNG:

- 0,6 Liter Wasser kochen, Eisenkraut und Kardamom dazugeben und 10 Minuten ganz leicht köcheln lassen, anschließend abgießen und kalt stellen.
- Ingwer mit Orangensaft pürieren und mit dem abgekühlten Tee mischen.
- Ein paar Minzblätter als Dekoration beiseitelegen, den Rest grob hacken.
- Zitronensaft, Trikatu und die gehackten Minzblätter in die Teemischung einrühren.
- Evtl. mit etwas Honig abschmecken.
- In Gläser füllen und mit den übrigen Minzblättern dekoriert servieren.

VEGANE VARIANTE:

Agavendicksaft statt Honig verwenden.

TRIKATU – DIE DREI SCHARFEN:

Eine der wichtigsten Gewürzmischungen im Ayurveda, welche zu gleichen Teilen aus Pippali (langer Pfeffer), schwarzem Pfeffer und Ingwer besteht, alle mit „scharfem“ Geschmack.

Rezeptregister

A

B

C

D

G

H

I

J

K

M

Danksagung

An dieser Stelle möchten wir uns bei allen bedanken, die uns während unseres Buchprojektes so liebevoll und ausdauernd unterstützt haben. Allen voran gilt unser Dank unseren zauberhaften sechs Kindern, aber auch vielen unserer Freunde. Regelmäßig stehen sie uns als „Geschmackstester“ zur Verfügung, um all unsere neuen Kreationen und Gerichte ausgiebig zu probieren.

Nur die allerbesten Lieblingsrezepte haben letztendlich ihren Weg in unsere „Ayurveda-Gesundheitsküche“ gefunden. So ist das Kochbuch zu dem geworden, was es heute ist – ein Ausdruck unserer Liebe zur ayurvedischen Küche und Beweis dafür, wie einfach man mit gesunden Zutaten saisonale, regionale und vor allem frische Köstlichkeiten auf den Tisch zaubern kann. Danke auch an das gesamte Verlagsteam, das uns zu jedem Zeitpunkt geduldig mit Rat und Tat beiseitestand und uns geholfen hat, einen unserer wichtigsten Träume zu verwirklichen: den Geist der altindischen Traditionsküche in die moderne Welt zu senden.

IMPRESSUM

Die Deutsche Nationalbibliothek verzeichnet diese Publikation in der Deutschen Nationalbibliografie; detaillierte bibliografische Daten sind im Internet über *http://dnb.ddb.de* abrufbar.

Gregor von Holdt & Stefanie Nolden
AYURVEDAFEUER
Stoffwechsel einheizen – Selbstheilungskräfte aktivieren

Texte: Gregor von Holdt und Stefanie Nolden
Fotos: istock

Gesamtherstellung: GBN TRENDS PRODUCTIONS GmbH
Redaktion / Korrektorat / Layout / Design / Satz
Neuer Höltigbaum 34, D–22143 Hamburg

Druck: GZH d.o.o. (www.gzh.hr), Zagreb

1. Auflage 2021

ISBN: 978-3-948942-07-6

Printed in Croatia

Postfach 42 04 52, D–12064 Berlin
www.dayloniabooks.com